山上的醫生館

于劍興 著

推薦序

醫愛無涯：葉明憲的中醫新天地

釋證嚴（佛教慈濟基金會創辦人）

從屏東一處畜牧場走出來的葉明憲，基於自身精勤不懈的奮鬥和努力，不僅完成博士學位，還成為一位醫術精湛的中醫師；他「千金一諾」，每週撥出一天時間，發心走入雲深不知處的阿里山大埔鄉，為長年勞動的鄉民看診扎針，這一堅持歷時二十年而不悔！

在臺灣本島，儘管醫療十分普及，仍有澎湖的七美、金門的烏坵和嘉義的大埔鄉因為缺乏醫院或診所，而被歸類為「無醫鄉」。在這僅僅兩千人口的偏鄉，多數年輕人外流到大城市拚搏，守在山上的農戶終年操勞，身體負荷過重，老來多種慢性病纏身，痠、痛、麻的症狀很常見。葉醫師發心上山為居民看診，透過針灸、刮痧、拔罐，外加一週的中藥。僅僅十幾分鐘的治療，就能紓緩居民當下的痠痛麻之苦，居民倚賴甚深，每次看診病患都逾百人。近幾年，甚至外溢到臺南、高雄、嘉義的居民聞風也專程上山求治。

其中有幾位病患，總讓葉醫師揪著心，不捨他們的際遇，卻又無能為力。醫療有其極限，只能治療身體的真病，無法醫治心病；大埔病患的心病，來自為掙一口飯吃，不得不長年操勞割筍，但是鄉民年歲已高，超過體力的負荷，換得痠痛麻反覆發作，卻又無法跳脫這種輪迴。子女都在外地，身上的病痛、內心的孤寂，要與何人說？

就如年逾七十的鳳為，勞動之餘還要照顧腦麻兼小腦萎縮的愛女吟淑整整五十年了。來到暮年，體力不如以往，孩子成了她內心的隱憂；如若她先離開了，誰來照顧吟淑呢？來到醫療站，葉醫師對準穴位扎針，痠痛一起襲來；同時感受到折磨身心苦痛的枷鎖，正逐漸解開。她終於覺悟到頭終須放手，將來孩子也可以送到療養院照顧啊！

葉醫師每週三依約開車上山到大埔醫療站，病患又多，護理師雅如的角色就很重要了。舉凡環境打掃、事先作業，連換燈泡到印表機維修等等，準備簡單的中餐，都能一肩扛起。還要利用中午休息時間，搭船送藥給對岸行動不便的長輩，再趕著回診所準備下午的門診。千處祈求千處現，醫護攜手，在鄉民眼中就是有求必應的菩薩。

葉醫師藝高人膽大，開車技術一流，不過也有幾分僥倖；像二〇〇四年的敏督利颱風過境，還不清楚路況下，又不捨山上居民盼望著一週一會可以抒解身上的痠痛麻之苦，依舊開車上山。山上土石繼續滑落，道路十分泥濘，車輪又打滑；幸好一塊石頭直擊前方的保險桿，讓車子彈回路面，方才結束這場驚魂記。

這本自傳性的專書，大埔義診就占了三個專章，可見二十年來葉醫師每週依約上山問診，看著年輕的居民陸續下山尋找更好的就學、就業機會，留守在山上的長者一日日老去，拖著老邁多病的身體掙扎著求生，始終是他內心放不下的牽掛。

第四章筆觸一轉，寫的是葉醫師與大林慈院中醫部葉家舟部長的相知相惜相牽成。從小熟稔《三國演義》的葉明憲與愛讀百科全書的葉家舟，會擦出什麼樣的火花？

葉家舟想用分子生物學的研究取向來解構中醫；而平常就勤於練功的葉明憲，從中體會到各種氣與內勁的變化，比較起來，中醫跟練功很接近，都是講經脈。深入就會解入，也是好因緣，家舟部長和葉醫師亦師亦友亦知己，一路相攜相持，用西方科學將中醫邏輯化，讓大家知道中醫對疾病是有脈絡可尋的推敲診斷與治療。當明憲還在徘徊猶豫的時候，尤其要感恩家舟部長總在關鍵時刻指出一個方向，終於，雙葉在大林慈院合體，為雲嘉南的鄉親提供最貼切適宜的服務。

很感恩明憲的母親徐雲彩居士，她也是師父的好弟子，從她開始穿上「藍天白雲」的那一刻起，就積極投入慈濟工作。不只將「甘願、歡喜」放在嘴邊，且是身體力行，做得法喜滿滿。受其影響，夫婿也終於結束經營大半輩子的養豬副業。

這對菩薩母子，站在各自的崗位，做到「分秒不空過，步步踏實做」，將生命的價值發揮到極大化，委實令人讚歎！

這本書從撰寫編輯到出版，特別要感恩大林慈院公傳室的劍與，就是多了一分用心，將剎那化為永恆，不讓動人心弦，又富有啟發性的故事淹沒在歷史煙塵中。期待葉醫師的故事激起更多的迴響，讓更多人關注偏鄉人口老化的問題，就是偏鄉民眾之福了。

推薦序

只此一家　別無分號

林俊龍（佛教慈濟醫療法人執行長）

恰如一顆遺落在群山間的珍珠，大埔鄉坐擁湖光與山水共一色的美景。不過，世居於此的住民得因此面對「小病忍、大病滾」那般沒醫師可依賴的窘境，很難想像吧。而同樣難以想像的是，葉明憲醫師從二十年前自告奮勇地，答應我接下每週上大埔開設中醫門診的任務後，到今天仍持續不輟。

醫師除了醫療專業的素養外，還需要什麼？應該就是具有一副菩薩心腸，並能踏進具體實踐大慈無悔、大悲無怨的場域吧。回到醫療的本質去思索，醫者父母心，葉醫師與許多醫療拓荒者的行徑，也就沒那麼難想像。

九二一大地震後隔年，臺灣逐步從傷痛中恢復，而慈濟醫療的種籽也從花蓮灑向西部，大林慈濟醫院在八月啟業，我出任第一任院長，肩負「以病為師、拔苦予樂」的師命。當兩年後嘉義縣衛生局正為健保局偏遠地區醫療門診計畫乏人問津而煩惱時，我們毅然接下別人眼中的燙手山芋。為什麼呢？因為這可是難得的服務機會，也正是慈濟成立醫院的目的。

我曾參與南區慈濟人醫會在大埔的義診，熟悉這裡缺乏醫療的情況。大家在遇上小病小痛時能忍就忍，否則，就得搭車近兩個小時才能到達最近的醫院，真是說不出的苦。確實，尋找願意上山服務的醫護同仁可不簡單，但天助自助者，經過一番波折總算找到具有熱情的醫師願意上山駐診，並搭配週間上山支援不同科別看診的醫師，以及與大林慈濟兩地視訊門診，不只看病，更撫慰身心。

大埔山城的醫療從無依無靠到日夜有人守候，甚至成為朋友與家人般的存在，醫病間彼此熟識、相互關懷，那是種很特別的信賴關係，這顆在群山間的珍珠是醫療桃花源般的存在。

大林慈濟醫院與大埔醫療站，相距七十公里，看似遙遠，但對的事情做就對了，我們貼近鄉民的需求，更與他們的心相契。非常感恩，這些年來前仆後繼上山的醫療團隊夥伴，還有二十年如一日從黑髮到髮梢斑白的葉醫師，能以真誠的心付出愛，真是一種無比歡喜的享受。現在把這二十年來葉醫師在大埔行醫的溫馨故事結集成冊，樂為之序。

目錄

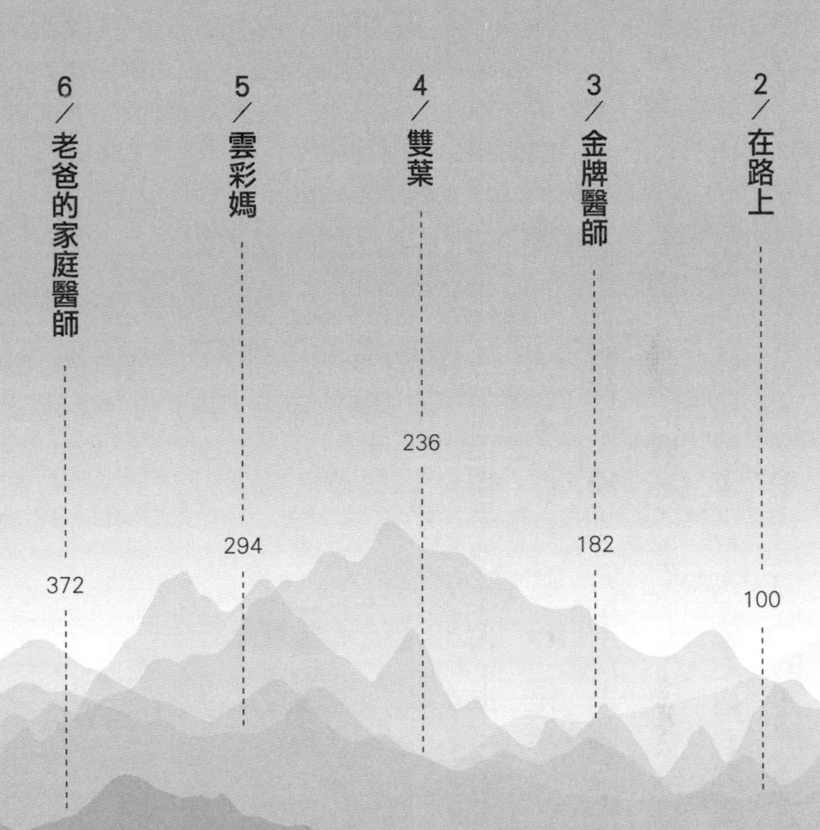

寫在故事開始前

我從讀國小開始幫家裡養豬，後來，大學聯考幾乎吊車尾的考上畜牧系，幾乎要展開的養豬人生突然起了變化。

總之，我現在是一位忙碌的中醫師。

為了研究，讀研究所時可以輕易殺死成百上千的老鼠，而現在則為每位病人的治療絞盡腦汁。

二十年前有個意外的插曲。除了八八風災使嘉義縣大埔鄉山區成為孤島外，我每週三都會暫別在山下服務的醫院，展開一個人到大埔的「旅行」。或許沒有《在路上》書中穿越美國的壯闊與精采，但我在臺三線嘉義到大埔六十二公里長的蜿蜒路段中，以平均六十公里的速度巡弋每處熟悉的彎道，獨賞四季容顏變換的小劇場。

儘管發生過與死神擦身而過的意外，但我仍期待著偏遠醫療的政策不會改變，在退休前能維持每週上山看診的習慣。

進大埔也可從臺南的楠西出發，因為我住在嘉義市，便就近從北端的中埔上山。特別的是從這頭要進大埔鄉治區前五公里會經過宛若橫跨天際彩虹的大橋，就像是東部長虹橋的翻版，只是規模小了些。橋的彼端連結的是因為水庫興建而被迫離開家園與良田而往山坡上討生活的鄉民。過去有萬人的鄉銳減到實際居住的頂多兩千人，他們和大家同樣要繳健保費，卻總是擔心醫師又突然不見了。

大埔的山很美，如果少些鄉民對生活的怨會更美。我從中醫第二年住院醫師開始，在向衛生所借用的空間裡看診。

當年，醫院中醫科裡原本自豪有十多位住院醫師，卻陸續離開。而留下來的同事因為懷孕、正好週三有門診、不想上山等理由，恐怕會讓衛生部門救濟偏鄉的醫療計畫落空。我則自告奮勇接下大家眼中的燙手山芋，幾回服務後倒覺得甘之如飴，至少，從我持續不墜服務至今，能證明自己所言不虛。

在鄉裡有中醫門診的前一年，醫院費了一番功夫才找到退休後願意上山的西醫師，讓大埔擺脫無醫鄉的困窘。他白天看診、夜裡待命急診，很辛苦！但能即時提供鄉民初步的診斷與治療，再視病情決定是否後送到山下的醫院。此外，有幾個醫療科會上山支援一天的門診，還有最受鄉民歡迎的物理治療師。我那時對自己的專業有把握，卻不確定能帶來多少幫助。

來看診的大半都是老病號。長輩絕大多數都承受長期與過度勞動的苦果，但也不時出現讓我感到棘手的個案。他們的病症或有不同，但共同點是通常在山下的醫療已求助無門，而回到故鄉則大抵有放棄的念頭。他們想來醫療站找我做最後的嘗試、努力，我自然沒有拒絕的理由。

能活下去才是最重要的！

所以他們看病也得挑時間，必須順著山上農作生產的時序，像是候鳥過冬般來診間讓我整理一身的辛苦病痛。這些年我從住院醫師成為主治醫師、中醫部針傷科主任，而醫療站也多了遠從嘉義市、臺南善化、新營等地坐客運來的民眾。

「你們這樣坐車太辛苦了。」

「葉醫師在大林慈濟的診真的太難掛到。」

多。

我勸不動，就隨他們來了。無法改善的病痛煎熬比坐山路暈車、嘔吐要苦上更多。

一個人每週三早上七點半開車上山、九點開始看診，我並不孤單。到了山上有搭檔多年的助手品妃，另外有常更換的護理同仁，三人聯手為鄉民服務。品妃在診間忙碌外，還自願準備中午一起享用的午餐。

長年來擔憂沒醫師可看的鄉民，滿心期待我為他們看診、針灸。其實，我更享受遠離山下醫院的塵囂，在山上充足未來六天努力的電力。

每週看到腦性麻痺仍努力生活並對我微笑的吟淑、從嚴重車禍多處骨折到能幫父親挖薑的楹梅、為了想留下醫師打了金牌的張大哥和淑慧姐，還有許多一路陪伴的大家，以及超有默契連眼神都不需要交換的品妃，讓我繼續勇敢的拉開診間的門，並期待下一張由苦轉樂的臉龐。

我是葉明憲中醫師。

開診吧！

1

腦麻少女求生記

她死命地來回轉動油門，催到底，
讓四輪的電動代步車毫無保留地一路直衝曾文水庫。
那飽滿的水面閃著光就在眼前。
從有記憶以來因生病讓手腳不方便所招來的各種屈辱，
像電影畫面順著風一格格往後飄散、崩解。

衝進那群山環繞如汪洋的水中，
沉入那曾是祖先安身立命家園的水底，
這三十多年來的折磨都將消失。

「葉醫伊，偶因天駝黑因……」

頂著剛修剪完的伏貼捲髮，吟淑推開診間白色的門，雙手不自主地擺動，膝蓋向內微彎，腳底則像裝上彈簧搖呀晃地走進來時，操著像幼兒牙牙學語般的口音和我打招呼，然後就熟門熟路往左邊第一張治療床走去。

她坐定後脫掉涼鞋，慢慢挪移、趴到床上，頭依在軟枕上，即使笑起來也顯得憂愁的眼神，安靜地望著診療桌這邊。

吟淑說的是：「葉醫師，我今天頭會暈。」

她的母親陳林鳳為也跟著進門，我請她坐在吟淑床前的圓椅上，等我看完手邊的病人。她今天狀況不錯，可以坐著針灸。這種有著圓形黑色軟墊，下方以獨立不鏽鋼管支撐的椅子，很適合在山上醫療站裡只有幾坪大，又得塞進所有看診、針灸、推拿與配藥者的診間。

二十年前的夏天，我在嘉義縣大埔鄉北極殿前的義診中與吟淑第一次相遇時，她因著腦麻加上小腦萎縮帶來的發音問題，難免讓旁人帶著因為無法理解而不好意思的微笑；或者對她說的話點點頭，代表「這樣呀！」、「喔，是嗎？」然後，實在聽不懂而愛莫能助地客氣閃離。

其實，只要願意豎起耳朵就能慢慢理解她，當然我也有想和她打好關係的動機，那時的我已決定接下大林慈濟醫院規劃在大埔鄉醫療站開設中醫門診的任務，每週要上山，將在三個月後的秋季開始。

大埔鄉裡原本平坦的谷地上聚集七、八百戶的住家，還有賴以為生的幾百甲農地，在四十幾年前興建曾文水庫時化為一片汪洋。

被迫遷移的三千多人中，有的選擇留在大埔的丘陵地上，種果樹、挖竹筍、任何可以賺錢的活，花更多的氣力去討生活，而大半的人選擇告別家鄉。

現在，只有遇上乾旱異常的季節，能從湖底露出的殘磚剩瓦去想像古早時街道上南來北往的人，交易著生活所需的林林種種，如：南北貨、漢藥、米店。

築成的水庫則灌溉嘉南平原這座遼闊的穀倉。

我大學時期就知道這裡，曾規劃過到此一遊的行程，但早忘記為何沒成行。選擇留在大埔的人，也許是貪戀故鄉的美與人情，像吟淑的父母，也註定面對山區營生的辛苦勞頓。

臺三線從大埔鄉蜿蜒而過，往北到嘉義市、往南到臺南都得走上六十多公里的山路。與澎湖的七美、金門的烏坵同樣因缺乏醫院或診所被歸類為「無醫鄉」。像魔咒般，鄉民過度工作伴隨而來的病痛卻求醫困難，讓無奈更深不可測。

這些年，儘管大埔醫療站有山下醫師前來固定駐診，但遇上重大的外傷與病症得外送時，得要期待天公作美，一場大雨就能讓脆弱的山路崩塌路斷。

醫療的本質很單純，但也是門不容易得高分的功課。醫療站裡有全年無休的醫師駐診，或是每週上山一天門診的我，能幫的忙有限。不過，這裡的水喝久了、風吹多了，我們和鄉民間有股特別的默契。

從量化的看熱鬧觀點，嘉義縣大埔鄉民與臺北市大安區市民都繳健保費，鄉民平時共享一位醫師的服務，而大安區裡有一家醫學中心、四家地區醫院，還有四百多家診所、一千五百位醫師。

一百七十三平方公里的嘉義縣大埔鄉只有一位醫師，而臺北市大安區每平方公里則有一百三十二位醫師。更難思議的是大埔因位居谷地，海拔不足，加上每日兩班的公車站牌距離鄉公所不夠遠，所以算不上「偏鄉」。公務人員少了偏遠加給，也影響上山服務的意願。

吟淑和母親鳳為原本住在前往湖濱公園的路上，對面是鄉裡規模最大的飯店。在臺三線周邊還有退輔會經營的大埔農場，一些私人經營的民宿，以生態、農產做營生的訴求。隨著吟淑父親生病過世，這幾年租屋在一處聚落裡的老舊平房，出門就能看到一百公尺外的醫療站。

鄉內有五個村落，讓水庫阻隔而像一串斷掉的珍珠項鍊。估計在這生活的人頂多兩千人吧，不若繁盛時有萬人的光景。他們能依賴的只有醫療站，白天有門診，晚上遇到緊急狀況時，就到門口按鈴掛急診。待得夠久的好處，就是幾乎沒有我不認識的人。

「有喝酒就不會來，會來就是沒喝酒。」

這曾是吟淑延續好幾年的生活寫照，雖然她當時這麼說，但老是眼神迷濛，半醉半醒地講著連我都無法辨認的話。在她父親生病過世後，她總算戒酒、胖了，臉色好看些，也快樂些，至少每週固定向我報到時的表情看起來輕鬆。

而有心臟和關節老症狀的鳳為，不用再擔心與照料那意志消沉的另一半，吟淑則有居家照顧員來家裡餵餐。最近，被生活逼得視錢如命的鳳為甚至願意放自己一次長假，暫時遠離每天坐上十個小時撕竹筍的活，僅兩百多元所得再附加血液循環不良與一身痠痛。

任誰也不願回憶那由疾病、生活百般不順遂所交織的苦痛，何其漫長。而我則在不經意間闖進她們的生活。有次，我看著吟淑和鳳為她們健保卡上的生日，自顧地推算後嚇了一跳，她們的生肖竟然是老鼠。別開玩笑吧，莫非我是要來還債。

好多斷頭老鼠，淌著鮮血，正前仆後繼往身上爬……

我猛然坐起努力想撥掉身上的老鼠時，才發現一片漆黑中鬧鐘的數字兀自閃著光。從就讀陽明大學生理研究所到當兵那段時間，斷頭老鼠三天兩頭來夢裡報到，而我始終束手無策。

在實驗室裡得快速的剁掉老鼠的頭，常在牠還來不及死之前就要迅速把腦下垂體取出，毫不細膩的手法。

水槽中堆滿老鼠的屍體，鼻腔充斥著血腥味，以及在垂死掙扎中的分泌物。想到老鼠在垂死之際還試圖轉頭想咬你一口，就覺得膽顫心驚。後來，我開始在殺老鼠的當下，口中喃喃唸著：「趕快去超生，不要來找我。揭諦揭諦，波羅揭諦，波羅僧揭諦，菩提薩婆訶。」

但再怎麼以恭敬心感謝老鼠犧牲小我來成就研究成果，每個月至少有兩百隻為研究斷魂的老鼠，仍讓我惡夢不斷。

那惡夢在一次特別的經驗中成為過去式。想不到一來大埔，就碰到吟淑和鳳為這兩隻需要幫助的母女檔「大老鼠」。若要說因緣不可思議，我是出生在屏東道地的客家人，在相隔百里的陌生聚落裡也同樣有許多客家人。

我去圖書館找到也許是最早的資料，大埔在十八世紀的清代有「後大埔粵庄」

的記載。到日本統治臺灣的中期，逐漸有桃園、新竹、苗栗的客家人移居到嘉義大埔，在這遺世獨立的谷地中胼手胝足。彷彿，冥冥中自有定數。

有人說西醫治病，中醫治心。其實，儘管每週一回的針灸治療在熟識的鄉民眼中，被形容有神奇的效果，但你會發現，病痛暫時的緩解，甚至好了，又如何？還有來自生活、家庭、親人，以及心情的種種壓力與變數，常讓他們的病苦反覆發生、舉足無措，甚至，墜入無助的絕望境地。

作為一位中醫師，能再做些什麼？

我叫葉明憲，大家都叫我「葉醫師」。遺傳自家族的方臉大耳，還有從大學開始勤練的劍道、當兵退伍後拜師修練太極功帶來的厚實胸膛。說是醫師，卻有幾分武林中人的模樣。白色醫師袍下，我穿著一雙愛迪達的黑色慢跑鞋，坐如鐘、行如風是基本的自我要求。在我年過半百又好幾歲的二〇二〇年，總算完成中醫的博士學位。

我從中國醫藥大學的後中醫系畢業後，決定探索媽媽做不厭的志工旅程。慈濟在臺灣北、中、南、東都有醫院，選擇到大林慈濟醫院中醫科當住院醫師，則是離屏東家裡更近些的選擇。

每個月，母親和高雄與屏東區的師兄、師姐一同來醫院做三天或六天為一個梯次的醫療志工，她總是興味盎然地聽我說哪天跟人醫會去鄉下義診、又有哪位師姐來看我的門診。

至於從住院醫師陸續升為主治醫師、針傷科主任，是在我到山上看診幾年後的事。慢慢地，儘管到大埔照顧一群「老朋友」的那種心態沒變，但每天可用的時間變得非常緊繃。我星期一、二、五在大林慈濟和斗六慈濟分別有門診，週四主持中醫志工的培訓以及與中正大學討論合作的研究計畫。

加上後來攻讀中醫博士、每個月的義診、難預料的演講與分享邀約，讓時間化身為百米金牌好手，我怎麼也追不上。

「出門囉，晚上見。」一週三早上七點五十，我跳上車，發動引擎，從嘉義市的大雅路往北開，這是我上山以來換的第五部車。在男人夢想與工作務實的考量下，高底盤、四輪驅動的休旅車，始終是不二選擇。

「大埔小又偏僻，葉醫師來這看病真的很冤枉，你每天這麼忙，回家時小孩都睡了。」鳳為總為我抱屈。

「妳也太會想，如果我不想來，就算有人拿刀逼我也沒用，有什麼好冤枉。」

對於鳳為那次在針灸時的有感而發，我說她真的想太多，但我沒說出口的是，能到大埔看診，始終是讓我喘口氣、試著解決大埔這些「家人」的苦處，以及添加生活燃料的寄託。

大雅路在幾公里後變成嘉159乙線，在看到右手邊的仁義潭後，一個大下坡就可以準備右轉接上內山公路，然後一路奔馳到大埔醫療站。若直走，可以從番路鄉開到竹崎鄉的石桌再接臺十八線，這是以前上阿里山的路。

從我家到大埔，全長六十二公里的路程沿著大埔溪谷的山腹，蜿蜒如蛇形，大約占臺三線總長的七分之一，從中埔鄉沄水開始進入山區，總會有幾個路段因為坍方工程而維持單向通車。

十二公里後，在海拔八百多公尺的分水嶺上，有間婦人開的雜貨店，因為她對飆車的重機騎士一嗆成名，「阿婆彎」莫名成為全國知名的景點。接著抵達跨越馬頭山的分水嶺，就準備一路下滑到大埔了。

當看到鄉治區內唯一的加油站，再開幾百公尺，右轉就是鄉公所、鄉民代表會、鄉立圖書館和衛生所聚集的區域。走上衛生所二十多階的樓梯，電動玻璃門內是候診區，往右走是掛號、藥局與西醫的診間。

護理師雅如早上七點多到醫療站後，先打掃環境，以乾淨的環境迎接鄉民。她眼睛大如明月、長長的睫毛，笑起來的甜度破表，很難想像剛從護校畢業一年就願意上山長期服務，對於山上叫修不易的問題，從我診間外的叫號燈、換燈泡到印表機的簡易維修，還沒難倒她的時候。

候診區往左走是復健治療區和我的診間，七千多個日子以來未曾更換，鄉民習慣每個星期三可以在這找到「葉醫師」。復健老師則在中午抵達，準備下午的治療。

轉動鋁製的圓形把手，推開白色的塑膠門。

進入診間後，我會把一大箱的藥材放下，好讓跟診的助手品妃整理、上架。這天有甘露飲，東洋蔘片、何首烏等單味藥材，補齊前一週所剩不多用藥。接著，整理桌上的健保卡和掛號單。

診間的配置一目了然。除了行走的動線外，都因地制宜的充分使用。

緊鄰著門右方牆面的是看診桌、椅，一旁是占據兩個牆面呈現L型的開放式藥櫃，中間夾了一個洗手臺。這藥櫃像臺拼裝車，使用木製書櫃、鋁製櫥櫃以及紙箱外框拼湊而成。再依藥罐蓋子的直徑，用紙板隔出擺放空間。放眼望去上有兩、三百種藥罐平躺著，瓶蓋朝前，在約一公分高的夾層上貼著相對應的藥名。簡單、省錢，讓品妃便於依我開的處方備藥。

藥櫃旁是一張充當調劑用的黑色診療床，當我看完一位病人，品妃會取出印表機上的藥單、找藥，然後放在床上讓配藥的同仁逐一開罐、倒出藥粉與秤重，接著裝入一旁黃色或白色空的回收藥材罐裡，旋緊瓶蓋。最後，把藥罐壓在下一次看診的掛號單上，每個藥罐上都貼著病人的姓名，治療完的病人等一下會再進來拿藥。

「王國興先生，請進。」

我安頓好上一批八位病人，按下門外的叫號燈，拉開診間門喊下一位病人。身後的品妃幫忙看藥單找藥，在我為病人針灸後幫忙準備溫灸、電療。當計時的鬧鐘響起，她幫病人拔針，以及隨時可能出現的零碎庶務都得仰賴她應變。

我們像轉不停的陀螺，十多年鍛鍊出來的默契，隨時相互補位，連眼神交會都可省略。因為看診的人多，但中醫治療的時間可快不得，所以得有效率排程、避免空檔，才能服務更多的人。

戴著銀框近視眼鏡的品妃從嘉義嫁到大埔茶山，平常協助醫療站與同仁宿舍的清潔。個頭嬌小的她有用不完的力氣，對每位鄉民瞭若指掌，是診間的「總管」。

我的診間是地大人稀的大埔鄉中，人口密度最高的地方。約莫十坪大的診間，有三分之二的面積擺了三張治療床、六張圓椅。

我依據看診時的望聞問切，決定病人這回是需要仰臥、趴著，或是坐著。在開好處方後，我起身在僅能原地轉動的空間裡，或站、或蹲、或俯身逐一的為大家上針。除了確定病症的下針穴位外，對於某些治病機轉需再斟酌時，則透過針感進一步確認病因與治療。

假日有較多的遊客到大埔釣魚、爬山、吃地方特色料理，平時總是顯得空蕩的街道。這幾年，有些人特地在週三從嘉義市、臺南或高雄來大埔看我的門診，讓鄉裡慣常的清寂氣息多了幾分熱絡。

鄉民覺得新奇，卻擔心會分掉我照顧他們的時間，臉上掛著無奈。我勸來自外地的病人，希望他們就近在家裡附近的醫院或診所看病，但勸不動，也就順其自然。鄉民學會適應變化，現在上午診來的人少一些，下午的人多一些。

「葉醫師，謝謝。」

治療區裡人來人往。拔完針的病人理好衣服、順一下頭髮，起身時沉浸在彷彿被打通任督二脈，再次新生的輕鬆感，他們打開門離去前總會順勢叫我一聲、再帶上門。

「好，謝謝。」

我對他們的信任致意。回完話，繼續把心思放在眼前的病人上。阿嬤和前一陣子來時的面容糾結，不一樣喔。她說暑假期間照顧兩個孫子的辛苦告一段落，開學後就輕鬆許多。不過一轉眼，她又煩惱是否會不能走，怕得要命。診察完，我請阿嬤去針灸區等一下。

隨著年事漸長，大埔長輩們長年勞動的影響也逐漸浮現。因著山區的勞力活，常見的是咳嗽、腰痠背痛，喘、疲勞這些工作時引起的損傷，我會開藥、針灸，做五臟六腑的調理。

「還好嗎？看妳站得很穩。」

「可以站，但沒辦法走啦。」下一位進門的阿姨和許多來診間的鄉民有著類似反應，頭，搖了又搖。

「要扶著東西才能走，到了晚上都不好睡。」

「做暗公鳥嗎？眼睛睜那麼大有看到什麼嗎？現在是七月！好兄弟都出來玩，記得閉上眼睛早點睡。」

「唉呦，好啦。那我到底什麼時候才能走？做人真悲哀。」

「你每天都要練習扶著走路，還有別忘了，躺在床上時要做踩腳踏車的運動至少十次。」我請阿姨馬上做。

「喔，真喘！」她練習了十幾下，氣喘吁吁的。

「妳騎得不錯，有進步喔。」阿姨的問題複雜些，她做過股關節手術、左腳人工關節置換，之前有次小中風。」

「葉醫師，我眼睛很霧，看不清楚！」

我口裡喃喃複誦病人的症狀，快速地在鍵盤上敲入對治的藥方。先把這一輪的病人問完診後，起身叫下位病人進來稍坐，然後就快步走向針灸區，準備幫床上、椅子上等著的病人針灸，還有剛進門就喊不舒服的吟淑，以及固定「維修」的鳳為。這是多年下來調整過最不浪費時間的看診模式。

如果知道做的是一件徒勞無功的事，是否要繼續呢？但放棄了，就真連一絲改變的可能都消失。我後來倒是想通一點，雖然鄉民來讓我治療好多了，但回去後仍舊要工作，痠痛等問題還是反覆發生，那醫療到底有什麼意義？

至少，相對以前有好一些吧。他們以前遇上痠痛時只能忍受，或者買止痛藥吃，現在每週讓我做一次治療，就能讓身心紓緩一段時間、撐久些。或對病症有緩解的效果，不像過往那麼嚴重。

「當我們老了，難道要先把吟淑捏死嗎？」鳳為撐家計，又照顧吟淑長達五十年，有身為母親無法繼續保護孩子的擔憂。而腦麻與小腦萎縮相伴的吟淑又何嘗不煩，那種心理壓力像推不開的大石頭。

住在山上辛勞困頓的日子，有人願意支持，好像也就沒有那麼苦了。鳳為慢慢體會到只要努力，會有好結果的，又何須擔心自己百年後的問題，吟淑可以去安養院。未來的事，不用現在先打死結。

在治療床上的吟淑，雙眉下垂，圓滾滾的眼睛露著難受的委屈。今天無精打采地，真的很少看到她沒對我笑的時候，雖然總是苦中作樂。一旁的鄉民擔心是否發燒了，直喊著趕快量體溫。在大埔少有彼此間不認識的人。

坐在吟淑床頭前圓椅上等著治療的鳳為，也覺得女兒感冒了。她則要繼續處理心臟、關節和血液循環不好的老症狀。為了負擔家計，她每兩個禮拜來看診一次。若遇上工作走不開，會打電話進來幫她備藥，等下工再過來。

「這次我有聽話，已經休息快兩個月。」鳳為第一次做到我多年來的建議，開心地邀功。

「覺得有什麼變化？還是愈休息腳愈痛？」我得測試一下她的決心，惹得一旁鄉民笑得咯咯作響，她們知道鳳為愛錢不怕苦，就算身上插著許多針也要搭腔。不會啦，她愈休心肝愈痛啦。對啦，是痛在心裡，不是痛在腳上。

「你們不要亂講啦，我現在很聽話，都兩個月不敢去做工，腳也不會痛那麼久。」她說。現在的身體也由不得她再拚命賺錢。

「對啦，安安穩穩地過生活就很好。」我為這次治療引發的話題踩下煞車。血海、膝關、曲泉、足三里、陽陵泉、陰陵泉、委中，再來是內關、神門、中渚……。依著把脈、問診的結果，我在推敲病症所屬的經脈、臟腑，辨明所屬是表裡、虛實或寒熱哪種類型，最後進行相應的穴位處方。一路從膝關節到心臟調理的穴位扎下針。

「痠啊，唉呦，有夠痠。」

鳳為嘴裡喊著痠，下一針又喊痛，楚河、漢界互不往來的兩道眉毛糾結難分。彷彿被欺負、虐待，卻感受到那折磨身心的苦痛枷鎖，正逐漸解開。

我把粗細與髮絲相仿的針迅速地扎入設定的穴道，輕緩的揉、捻針柄。她反射地感受痠、痛或是麻之際，代表身體內氣的虛、實。

中醫針灸治療的奧妙很像練太極功的精髓。就算你表演、比畫的動作多麼漂亮，如果缺乏與內在那股氣的連結，就只是空有其表但缺乏內在的花拳繡腿，無法用氣去黏住對手，當然也動不了人。

我下針後，運針的指尖順著穴位的脈動傳回一股沉落的緊實感，病人因針與氣黏在一起時會覺得痠，這是「得氣」，接著才是關鍵。在清晰穩定的連結下以針提起的經脈去探詢陰陽表裡的變動，達到診斷與治療的效果，讓氣有根，達到外在與內在的連結，才能真正透視病症的源頭。

這幾年因著鳳為病情與治療的變化，我在針灸外，開了能補血與改善心功能的人參養榮湯，促進血液循環的桂枝湯、荊防敗毒散、炙甘草湯。能消炎鎮痛的獨活寄生湯，改善淤血腫痛的正骨紫金湯，看情況的變化來運用、調整。每味湯、散由十幾種藥材組合，總希望能多給她些非工作不可的本錢。

長年累積的健康問題像是一場土石流，帶來山林的浩劫。最好的復原就是停止破壞，才有機會調養生息。她前陣子老症頭又犯，還得扶著牆、一跛一跛的走進診間，就像十多年前第一次走進診間的模樣。那是長期慢性的肌腱損傷，引起腳內側筋膜的損傷，加上久坐、姿勢不對造成膝蓋退化。還有心力不足使得血液循環不好。經過持續的治療和休息，腳腫的情況好些，至少走起路來輕鬆不少。

上完針，再拿若指尖大的艾草粒崁進針的上緣，點火。鳳為身上飄起屢屢細柔的白煙與藥草味，她開始覺得針灸部位痠痠、熱熱的。這種溫灸在幾千年前就被用來作為保健防病，甚至驅邪的用途。我按下針灸的計時器，設定十五分鐘，轉身走向吟淑的治療床。她真的感冒了嗎？

「吟淑，狀況怎麼樣？」我問著。在她的背上來回的按、揉。就像是運動前的暖身。

「駝黑嗡、駝因。」吟淑說。

「她昨天晚上開始頭痛。」鳳為接著話。

「那前天、大前天有沒有痛、暈呢？」吟淑發出微弱的聲音，搖著頭。

媽媽說她要痛就是一個時候，但什麼時候會發作，拿不準的。

「痛過就不痛了，那會喊餓嗎？」

「她不太會餓，吃好少。」鳳為擔心女兒曾因吃太少而送醫過。

「不餓，吃不多喔，那有咳嗎？」我低下頭來問吟淑。她搖頭。

「沒有像上次咳得好嚴重，對吧。」我說。

「對呀，之前那次嗽得好嚴重。」鳳為回著。

「是吟淑肺部有傷過，內底纖維化。」

吟淑點點頭。我最後在肩胛骨下壓時，吟淑順勢咳了幾聲。來到床頭前緣，我低下頭把左手的脈。然後，再換右手把脈。頭皮不算軟，所以虛得不算太厲害。我從頭部開始按壓，再繼續往頸椎。有結構上的異常，會痛喔！這是脖子引起來的問題喔。

「妳不是感冒啦。」

我開始對症下針。吟淑的身子虛，腸胃道也不好，這陣子變化多端的天氣讓她的身體反應不過來，讓右側的脖子整個僵硬起來，一路縮到頭部才引起頭痛。而她本來就有些陳舊傷，咳嗽和頭痛一起發作，得要調整肺部，還有頸部的筋脈才能解決她的問題。

「葉醫師，你對我們母女真的特別好。」鳳為曾說，這裡是偏僻所在，有你這樣的醫師來看診，我們如果不珍惜要怎麼辦？

嗯，我確實難以否認，誰叫吟淑是我屏東明正國中的學妹呢。這是我第一次在大埔義診中發現，屏東與大埔間何其遙遠。

鳳為特別多愁善感，老是把「貴人」、「如果沒葉醫師該怎麼辦」掛嘴上，應該是來自生活與病苦的壓力到了極限，人變得敏感，許多來診間的老朋友也有這「症頭」。

不得不說，認識學妹以及她的家人二十年來，我常感到無能為力，醫療站的夥伴們也和我有同樣的心情吧。當我們盡可能努力在醫療與心理上幫吟淑一把時，那一天，她還是選擇採取一件驚天動地的舉動。

綜合事發後鳳為和吟淑各自的說法，當吟淑聽完父親在病榻上的一段喪氣話後，大抵覺得自己像被困在水庫裡的魚，游不出這片有志難伸的水域，愛自由發揮的靈魂卻被關在一個行走不易、難以獨立進食的身軀中。索性藉著一出家門往水庫的筆直下坡，騎著為行動不易而買的電動車，衝向水庫求解脫。

「曾文水庫，我來了！」

隨著與堤防接觸剎那的巨大聲響，吟淑隨著車騰空翻轉、脫離，竟墜落在堤防另一頭的硬土上，離水面還有一大段距離呢。她灰頭土臉、一身痠痛的重回現實的生活裡。

林鳳為，在家中七個小孩中排行老二，出生在大埔西興村的紅花園，此刻正躺在湖光山色的曾文水庫底。

鳳為小時候有機會念國小，但家中營生的活太多，做竹筍、豆子、麻油，還有種水稻、養豬，加上照顧弟妹、燒柴煮飯，她一週裡常讀不上一天書。國小畢業後開始做工，割筍、晒筍，為家裡多掙一口飯。

七十年代，林家被列為曾文水庫興建工程的第一批遷移戶，鳳為的父親在屏東、彰化王功、臺南楠西三個地點中，選擇王功。當下定決心離開故鄉，計畫拿補償金蓋房子時，卻發現王功的建築基地在一場大雨中形成汪洋，嚇得重回大埔買房子。

鳳為則在分擔家計到二十四歲時，嫁給從國小畢業就未曾聯絡的同學。結婚當天，她穿著新娘服在家人的簇擁下，走上六公里的山林小徑到地勢較高的大廍埔，到夫家時已經是滿身大汗，雙腳痠痛。

那時，臺三線大埔路段尚未開通，鄉內的鹽、油、生活用品，都是從三十幾公里外的中埔鄉沄水，用人力挑七個小時上山來，大埔街上的店家宣稱魚可都是新鮮貨，儘管簍子裡已毫無生息。至於在山上生病時怎麼辦？鳳為說過，小孩用揹的，大人則用藤椅綁在背上，也得走上七個小時的起伏、蜿蜒不斷的林徑下山，然後再搭客運到嘉義市區的醫院。

「在山上只要願意做，再苦也活得下去。」這是鳳為的生活哲學。個頭嬌小的她因為長年做各式各樣的粗工，那黝黑且粗糙的皮膚是無可比擬的見證。做板模工的先生很勤奮，鳳為看到他為這個家的努力，即使過著和婚前相去不遠的生活，她摸著逐漸隆起的肚子，最期待的是下一代的來到。

擁抱著希望，而希望總讓人有莫名試試看、努力一下的動力。

「妳們可能要有點心理準備，剛才生產的過程中有點缺氧。」在市區醫院的病房裡，鳳為剛迎接長女的報到，婦產科醫師來查房時提醒著。

「但你看她圓滾滾的，就是健康寶寶的樣子。」鳳為不太確定醫師講的缺氧？但懷裡的女兒怎麼看都很正常。

「雖然缺氧，但看不出來有什麼症狀。」

醫師繼續探詢鳳為產後的情況、設定出院的時間，然後跟著護士離開。摸著女兒粉色透著光的皮膚，彷彿大力些就會戳破。說也奇怪，女兒雙手前臂上各有一個X型的凹痕，不大，但不至於會忽略它。怎麼一出生就有，也許這是老人家說的床母做記號吧。

嬰仔七坐、八爬，到九個月大就準備踏出人生的第一步。吟淑能吃、能喝，咿咿呀呀地，鳳為壓根忘掉醫師提過的事，女兒看來肯定是大隻雞慢啼。鳳為依然忙著做工，盤算著下一胎要為陳家添丁，對祖先有交代，更有人手好幹活。

八個月大，是不是該會坐了？鳳為抱起四處爬的女兒，放回床上，試著放開手時，吟淑順勢往後傾。不管她再怎麼嘗試，女兒雙腳直挺挺的一倒再倒。為什麼根本沒辦法坐？

「缺氧？還是怎麼了？」期待女兒成長的喜悅轉換成一場夢魘。下山就診時，從醫師那得到腦性麻痺的診斷答案。醫師說有好幾種類型，還有混合型，但不管哪種型，那一長串的可能症狀，肌肉變得僵硬、無法好好動作、會有怪異的表情，或是身體顫動、走路會摔跤、肌肉無力之類的。

她問會好嗎？只得到搖頭的回應。

「她是給胎神綁到，就像帶著雙劍會傷害父母。」「妳要給她過油鍋，否則會不能走。」「妳女兒到六歲時就會走！」

吟淑手臂上在出生時就有的X痕跡，原本的不以為意，現在卻成帶煞的「鐵證」。既然醫生都沒輒，鳳為夫婦帶著吟淑從先生媽問到太子爺，能問、能做的都不放過，都願意試試看，幾番消災解厄後終究不見奇蹟出現。「我發願如果吟淑會走，一定要好好酬謝神明。」

隨著吟淑一歲、兩歲、三歲的長大，鳳為不記得最初期盼奇蹟的熱烈，只有街坊竊竊私語的辛酸。怎麼吟淑連爸爸、媽媽都叫不清楚。後來幾年，鳳為陸續生下三個女兒，並盼到一個兒子，她感謝老天眷顧弟弟妹妹都健康成長，除了走起路來像舞蹈、說話很難懂的老大。

直到六歲那一年，吟淑和陸續出生的三個妹妹在門口玩，突然間，她站了起來，甚至往前跨了幾步想追跳上跳下的妹妹。鳳為的眼睛像完全扭開的水龍頭。但她不知道那是高興，還是委屈難過的淚水。

「其實，吟淑很活潑，只是，為什麼讓我生成這個樣子。」

鳳為有身為人母的悲嘆。長輩不諒解、親戚間冷言冷語又如何，反正沒人會分擔照顧小孩的辛苦，而在夜深人靜時，她早已把自己囚在自責的牢籠。如果女兒能生得正常，她就能走出山去追自己的夢吧。

公所附近的大埔國小沒有特殊教育的班級，鳳為不讓吟淑讀普通班。她連話都說不清楚，去也學不到東西，只有被欺負的份。但吟淑總和妹妹搶學校的書，就算看不懂，也一頁一頁翻得入神。

儘管身體不夠自由，但吟淑意志的強度竟等到一縷翻轉人生的火花。

在大埔成為無醫鄉前，有位從外地來的郭醫師，男女老幼都是他的病人。幾年後當他告老還鄉時，大埔又打回醫療困窘的原形。

「聽說吟淑想上學，是嗎？」郭醫師問。那年吟淑十歲，鳳為帶她到診所看病。

「她一直吵，但想歸想，大埔哪有她能讀書的地方。」

「我手邊正好有一份屏東學校的資料，說不定適合，要幫她報名嗎？」郭醫師是基督教徒，拿著「勝利之家」的簡章。

「真的可能嗎？但吟淑從小都是我在照顧，沒離開過家。」

「我是覺得，還是該讓孩子讀書，至少有為自己拚拚看的機會。」

吟淑瞪大眼像農曆十五的明月，歪過頭看著母親，露出燦爛的笑容。那麻煩郭醫師幫我們聯絡看看。鳳為拜託醫師，或能彌補對女兒的虧欠。

在一般孩子讀國小四年級的年紀，吟淑完成就學前的身體檢查、國小註冊，搭上經過楠西往臺南市區的客運，然後再轉車往屏東的勝利之家。儘管開學前十多天發生八七水災，一度阻斷大埔對外的山路，但沒有任何困境能阻擋她求學的決心。

勝利之家與我曾就讀的明正國中只有幾分鐘路程，那裡有牧師，裡面收容小兒痲痺、腦性痲痺，智障的孩子，或是孤兒。

這種小孩讀什麼書？自從吟淑去屏東後，每個月一萬元的開銷是鳳為補償吟淑的沉重負荷，但她不覺得苦，聽到鄰居的話也只是把眼淚往肚裡吞下去。當吟淑打電話回來哭個不停時，鳳為告訴她，妳一直哭，不然，我帶妳回家。

白天到學校讀書，晚上回到機構，吟淑開始認識許多來自其他縣市的同學。彼此的病症同或不同，但外頭異樣的眼光、試著證明自己能做些什麼的想法則是共同的挑戰。

四十年後的現在，很多同學都離開人世，也許是病症的宿命，而能像吟淑這樣騎著電動代步車趴趴走的，已寥寥可數。有位住在小琉球患有小兒痲痺的同學，靠著電動輪椅做導遊維生與照顧母親。吟淑到現在仍和她保持聯繫，更羨慕她能自力更生。

「吟淑打電話回來，說學校要放寒假。」鳳為對先生說。他的話很少，在吟淑出生後變得更沉默。也許，每天板模的粗活與生活的壓力已經夠受了，心裡面能逃多遠，就逃多遠。

「……」先生抬起頭，話在嘴中打轉後又嚥下，沒顯露特別的情緒。

「她走路不穩，說的話又沒人聽得懂，要她自己坐客運回大埔太危險。」

「知道啦。」

寒假來臨那天，父親和工地請了假。天亮前就發動門前一百西西的摩托車，轟然的聲響拖曳在寂靜的街道，一路往南而去。

直到傍晚，鳳為在家聽到遠處傳來熟悉的引擎聲，正緩緩靠近。她跑出家門，幾個孩子跟在身後，先生雙腳從機車排檔踏板上落地，吟淑讓一塊大花布從背、腰處緊實的綁在父親身後，行李則另外固定在後面的鐵架上。

吟淑的父親不吭聲，讓鳳為幫忙抱吟淑下車，自顧把車推到屋旁。他從大埔一古腦地騎車到屏東，來回兩百多公里。每當寒、暑假來到，他就會騎上車到屏東把吟淑帶回家，直到吟淑國小五年級為止。老師說要訓練她獨立的能力，帶著她到屏東火車站旁搭中興號，再讓鳳為到臺南車站接回大埔。

父親在人生後半段因為生活的不順遂，常把吟淑當出氣筒，但她沒怨言，甚至對父親生前曾說的話、生活的習慣，都記憶深刻。畢竟父親曾默默的對自己好過。

「沒人可以管我是不是浪費錢，我是用自己賺的錢供吟淑讀書。」

當吟淑在國中畢業又計畫到臺中讀高中時，已沒有鄰居懷疑這個孩子的決心。鳳為耳邊取而代之的是吟淑這麼能讀、吟淑不簡單喔、以後妳會比較輕鬆啦。

她在美和實驗學校讀家政科，舉凡煮菜、麵包烘焙、做衣服，甚至學電腦，每一項學習都開啟吟淑的眼界。她開始想像未來的自己。一定可以獨立生活。想要讓媽媽不要那麼辛苦。

鳳為因這個女兒感到驕傲。她自己從臺中坐火車到嘉義市，再到中山路上搭客運回大埔。想起那個到屏東讀國小每天都哭哭啼啼的女兒，現在的膽子大到沒人能比。

「她想飛就去飛，我不會綁住她。」

有一回，鳳為怎麼都等不到放假要回家的女兒。直到夜幕低垂的晚飯時間，突然家裡的電話響了，她緊繃著神經去接電話，擔心是否有不好的事情發生。

「我來花蓮找學姐，這個禮拜不回去。」

「怎麼妳這麼大的膽子，萬一發生事情，我要怎麼去花蓮都不知道。」

「唉呦，不會啦，我坐火車到這裡就有人接。」

我認識吟淑時是第二年的住院醫師，到西醫的病房學習，也在中醫門診區有門診。那時，中醫的主管老喜歡找我和家舟的麻煩，但我自有變通之道。家舟也姓葉，但他是臺北人，我在讀文化大學畜牧系認識同校讀海洋生物系的他。後來，我們都選擇在研究所畢業後報考學士後中醫，也一起到大林慈濟做住院醫師。

有天，科裡面的主管問著，誰願意去即將落成的大埔醫療站看診。

健保局推動「全民健康保險山地離島地區醫療給付效益提昇計畫（Integrated Delivery System，簡稱ＩＤＳ）」，想解決這些地方沒醫師的困境。但大埔位在谷地、海拔不足，公務員沒有偏遠加給，鄉民也被排除在醫療提昇計畫外。嘉義縣衛生局長鍾明昌和健保局南區分局持續向衛生署爭取，總算被核准比照ＩＤＳ，在二〇〇一年四月啟動。接下來卻沒一帆風順，衛生局委託到大埔駐診的醫院沒多久就打退堂鼓，鄉裡又打回沒醫師的原形。

既然大埔鄉民需要，就是我們能服務的機會。當鍾明昌局長向大林慈濟醫院林俊龍院長求助時，林院長即使知道是政府補助有限、自行付出的份多，還是笑容以對，沒二話的接下任務，讓鄉裡總算有不分日夜、全年無休的醫療服務，甚至，在第二年承諾配合健保局的無中醫鄉巡迴醫療服務計畫，再增加中醫門診。

不過，從理念回到現實，當時大林慈濟醫院中醫科裡一片烏雲密布。住院醫師一口氣走掉八個，剩下四個，包括週三已經有門診、有孕在身、沒有意願，以及常被主管莫名打壓而有些灰心的我。

「每個禮拜要上山！想到就累了！」

既然沒人要去，就我去吧。我沒多想的就答應上山，反正每個禮拜能有一天的時間能遠離山下擾人的是是非非。距離九月的第一次門診還有九十多天，我加入每月上大埔義診的慈濟人醫會，想一先探究竟。

義診的場地在大埔街上的北極殿廣場，慈濟志工一早就搭好棚子，規劃出中醫、牙醫、家醫科三個看診區，一旁還有檢驗、衛教宣導的空間。我搭醫事室同仁堂偉的車上山，過浯水後的臺三線上一路平均時速不超過四十公里，但山路讓車東搖西晃地。當我下車時，覺得就像踏在風浪飄搖的甲板上。

外科的葉大元醫師到了，他是義診的固定班底。在醫療站駐診已半年的內科醫師林繁幸也來參與。我走進帳篷下，一張長桌、一疊空白的病歷和一支原子筆，外頭有早到的鄉民正聊著天。

這裡果然是鄉裡的首善之區，擁有唯一的商店街、餐廳、雜貨店、機車行、郵局，還有消防隊。帳篷後的大殿有上帝爺公坐鎮，一旁有太上老君、五穀仙帝、土地公、觀世音菩薩、媽祖，以及桌下的虎爺。

信仰總是伴隨著人的希冀而生，北極殿可以追溯到兩百六十多年前的清朝乾隆時期，漳州移民隨身攜帶上帝爺公的香火飄洋過海，最後選擇大埔庄定居。地方上流傳著上帝爺公多次顯靈擊退到大埔掠奪的土匪、賊盜。

不知能幫大埔鄉民什麼忙？

當時我的第一個念頭，就是想要藉著義診來探探這風景美麗的山城，有著什麼樣的人，因何而生的苦。練了一身的功夫，誰不期盼有發揮的舞臺。

「師姐，請大家開始來看診吧。我準備好了。」

「阿伯你好，今天怎麼樣？」

「都是些老毛病啦，反正就是這裡痠那裡痛。」

「你真的是老當益壯，這個年紀還在做工。」

「沒辦法，不然要吃什麼？做到整個身體都壞了也不能停。

「這樣呀，看你穿雨鞋、褲管上還有泥土。」

「喔，今天早上天還沒亮就去採竹筍，這樣才有時間給醫師看。」

「在山裡做農很辛苦。」

「喔，沒說你不知道，要在三、四十度的山坡爬高爬低收麻竹筍，一籠一籠有上百斤得扛到貨車上，再帶去交給加工廠，看老闆要做筍乾、脆筍、醬筍、筍茸都可以，好多種。」

「就是我們在市場、店裡看到在賣的那些罐裝？原來這麼辛苦。」

「不止啦，若不小心跌倒，會被從土裡長出的筍尖刺傷屁股，流很多血。還得注意蛇啦、野蜂，有時連野豬都跑來攻擊你。」

「聽起來真得好辛苦、很危險，但還是盡量別做過頭。那我先幫你把脈。」

「謝謝啦，醫生你真年輕，想不到還有人會來關心大埔。」

聽老一輩說，在山坡地上種麻竹筍從清代、日本一直到現在。古早時會把麻竹筍和山上產的水果用帆船或竹筏，順著曾文溪運往臺南安平出售，然後再購買日常用品回山上。後來，因為水庫興建而沒法種稻的鄉民比過往更依賴竹筍過活，放眼望去的山林之下，有廣達十四萬公頃的筍園，提供臺灣每年三分之一以上的需求。

種筍的時間大約在農曆正月下旬到四月間，而現在是七到九月採收季的開端，能否看到鄉民來看病要碰些運氣。在義診中能給的不多，我幫他們針灸、刮痧、拔罐，外加一週的中藥。十幾分鐘的治療多少能緩解長期勞動的苦痛，幾天、甚至接下來幾週都變得輕鬆些，鄉民給的回饋很直爽。

「大埔以前有診所嗎？」

「有啦，十幾年前有個郭醫師，鄉裡大人小孩看病都找他。」

「那為什麼沒繼續？」

「年紀大要退休啦。說要回美濃，也是客家人。」

「那後來看病不就很辛苦了。」

「也沒辦法。為了感謝郭醫師對大埔的幫忙，我們包好幾臺遊覽車送他回故鄉。」

話匣子一開，他像久未遇知己般無話不說。問我是否知道鄉裡唯一的7-11對面，為何是一片空地？聽說先民因紛爭而相互殺戮，許多亡者就近埋在那塊土地上。

後來從那裡挖出許多的白骨。於是在幾分真、幾分穿鑿附會的有了「賊窩」、「土匪窩」的稱號。我感受到這裡的的民風有股強悍的味道，而那種發自內心感恩醫師，一起送醫師回故鄉的舉動，也由不得我，開始對他們有理解後的尊敬。

「去年不是開始有大林慈濟的西醫師來大埔看診，看了怎麼樣？」

「喔，有差，現在就算半夜不舒服也有醫師，不用趕到山下找醫院。」

「聽說更早些就有嘉義的醫院認養醫療站？」

「唉，別說啦，沒坐熱就跑了！」

「那為什麼會……」對於想知道其他醫院收手原因的我，眼前的阿伯沒半絲回答的興致，自顧地說話。「醫師你要來啦，聽說還會有中醫來醫療站服務，我們很缺喔！連做夢都不敢夢到有醫師願意來！」

人醫會的門診接近尾聲，志工招呼著吃午飯，但中醫果然熱門，還有幾位鄉民等著看診，今天估計能看到五十人。

我看著下位病人的健保卡，年紀三十歲。

志工正招呼一位走路不太穩定的女生坐在我身旁的診察椅，顯得瘦弱的身形，她看著桌面，不時抬頭看我，精神與反應都還不錯。

當她緩慢且努力地想解釋自己有腦性麻痺的症狀時，我轉換原本習慣於快速吸收、分析與反應的模式，試著放慢自己的節奏，張大耳朵，將她說的每一個字在心底放大。果然，變得清晰起來。

「吟淑，今天要看什麼嗎？」

「醫師，我走路會跌倒，會受傷。」

「還有其他問題嗎？」

「我會睡不著，吃不下，走路會頭暈，有時會昏倒。」

「好，我們來看看怎麼處理。旁邊這位是媽媽，林鳳為？」

吟淑點點頭。我問媽媽怎麼了？鳳為說心臟、膝蓋關節都不好。當時我覺得奇怪，為什麼鳳為的十根手指頭都像是過敏般的腫大，看她黑瘦的模樣，不太像是手胖的人，而且，指頭像是黃色油漆沒洗乾淨的色澤。

「吟淑，妳有讀書嗎？」我問。想著她們往後都會來醫療站吧。

「有，我國小去屏東，高中和大專在臺中唸。」

「屏東嗎？我是屏東人喔。妳在屏東讀哪個學校呀？」

「我去勝利之家，十歲才上學，有讀附近的明正。」

「太巧了，我也讀明正，那妳是我的學妹，要叫學長喔！」

我承認，這是和病人攀關係的方式。試著拉近彼此的距離，卸下病人的心防，讓我多了解一些病症表象以外的線索，有時，那和治療病情本身一樣重要。

在我正式到醫療站報到前，參與過三次北極殿前的人醫會義診，每次都和出生時造成腦部傷害的吟淑談一些，當年在屏東住校的情況、明正國中的回憶，也談為什麼放棄理想又回到大埔生活的苦悶。算了一下，我比吟淑大六歲。

妳出去也找不到工作，走路也不穩，不如回家吧。吟淑在三十二歲那年從臺中技術管理學校的企業管理科畢業，她開始投履歷、面試的日子，但就像鳳為三番兩次勸她的理由，好不容易尋到一個打字的工作，卻很快就被婉拒。

沒人願意多花點時間理解她說的話，而打字工作要求的效率與正確，對吟淑逐漸不靈活的手腳更顯得為難。鳳為算著，從吟淑十歲離開大埔讀國小到專科畢業後決定回大埔，在外頭繞了二十個年頭，再堅定的夢想都已脆弱不堪。

阿伯昏倒了，趕快來幫忙。突然有人在中醫看診棚子外急促的高喊。我和其他義診的中醫師立刻衝出去，一位長輩仰臥在地上，一旁有志工守護。我們聯手幫阿伯針灸後幾分鐘，隨著他醒來而結束這場驚魂記。原來阿伯出門前吃了降血壓藥。在幾戶之外的大埔消防隊救護車已在旁待命，準備送阿伯下山進一步治療。「沒坐熱就跑了。」一回想剛才長輩說的話，倒是提醒我。心裡對大埔的傷病類型漸次清晰。其中，有些人得到癌症，卻因下山麻煩而想放棄治療。不久前，才從醫院健檢中心林醫師口中得知，父親檢查出癌症的消息。而碰巧是林俊龍院長推動院內腫瘤中心的中西醫整合治療不久，並由我接下那裡的中醫門診。當時的自己正把注意力放在癌症治療。

既然要接下大埔醫療站的事，就得負責，盡心盡力做到好。還好有義診的機會，讓我更確定能幫鄉民一些忙，接著，就等著九月來到吧。

白色的基調、四層樓高的新衛生所外，有舞獅的鑼鼓交會著響亮斥耳的鞭炮聲，揚起的白色煙塵中有紅色的碎紙花翻飛。

二〇〇三年九月中，我終於單槍匹馬赴會，遇上大埔衛生所重建完成後的啟用典禮，聽說鄉長、縣長、立法委員都到了。半年前就進駐的大林慈濟醫療團隊也還過來，往後有中西醫聯手服務，而衛生所則維持預防注射、子宮頸抹片檢查、精神疾病訪視、食品衛生管理和居家護理所的任務。

真怕迷路誤事，我早上七點就開車上路，副駕駛座椅墊上是預先準備的地圖。以為沿著臺三線往南直直開就沒錯，但是沿途忽左忽右的彎折，不時與其他公路交會，心裡忐忑地再三比對地圖後，才敢繼續往前開。

沿途不時有阿勃勒的黃花入眼，我實在無心欣賞。當看到橫跨在曾文溪上的大埔橋後，心情才篤定下來。

右轉進入橋面，它就像條無限延伸的手臂橫跨在兩座山脊間。橋長一百三十公尺，與橋下溪水的距離深達七十公尺。公路右手邊圓形的標誌裡有個「3」，代表臺三線，中間的大字寫著「334」，數字往南遞減。這裡往北距離臺北市行政院的公路起點有三百多公里。往南則頂多五分鐘車程就能抵達衛生所。那時距醫療站開幕還有兩個小時呢。

當開幕鞭炮聲炸得耳際嗡嗡未息，我走上階梯後進入大廳，避過來觀禮的貴賓，往左走到底，轉開門把，進入到暫時只有我一人服務的中醫科診間。醫療站只有兩位護理人員，要負責掛號、批價、西醫跟診，還有隨時出現的狀況排除，像是電燈不亮、印表機不動，所以也沒法幫我忙。

「少年欸，我佇在出世，你愛幫我照顧這邊的人！」

從山下趕來參加開幕的立法委員走進診間。我知道他是嘉義在地做了大半輩子的派系大老，政治世家。我對參與其中的角色沒多少好感。他說自己從藍變青，要更青！希望我幫他照顧自己故鄉的人。這本來就是我來的目的。

第一天看診比預定時間晚一個多小時開始，我的模樣應該就是一副火力全開的戰鬥狀態，邊看邊祈禱能平安度過鄉民的考驗。

我按下燈號，打開診間門叫人，然後坐回電腦前，問診、把脈，起身幫治療床上的鄉民上針，再坐回來繼續問診、把脈、推拿、轉身到左邊的藥櫃拿藥罐挖藥粉秤重、裝罐後遞給等藥的民眾。「這藥吃看嘜，看會卡好無。」計時器響起，我趕忙起身為病人拔針、坐回電腦前……

「這年輕人，真好。」

「他會金金看你的臉，把脈都把很久。」

「怎麼會這樣呢？一個人看病、包藥、挽針，這個醫師這麼有心。」

等著針灸的鄉民講話沒量好距離，那話默默地進入到我耳裡，然後在心底開出許多喜悅的花，比開車路上的欒樹花朵更加光豔。

中午十二點多，為最後一位病人拔針，診間外的燈號停留在三十五，第一天看診的成績單應該不錯吧，好像有紓緩到他們的身體和心情，鄉民都滿意吧？

資深的護理學姐得在西醫診間幫忙，我這住院醫師第二年的菜鳥靠自己平安度過第一天。

能幫的就幫吧。幾個月後，我有了跟診的助手，從上午開診後一直到傍晚才能喘口氣，收拾好東西下山。回家的路上我想著，大埔有政府的醫療計畫經費挹注，而醫院投入的恐怕更多，醫療站的人力只能做盡量精簡的打算，從駐診的西醫到護理，要維持運轉每個都不可或缺，即便要獨力撐中醫門診幾個月，心裡覺得甘願，對於在大埔遇上的每一個人，都當成是老天送的禮物。

我想盡量幫忙把醫療站穩住，在西醫日夜的守護外，透過中醫的輔助，能幫鄉民做多少就盡量去做。

藍英明醫師？喔，我們以前是同事。

大林慈濟醫院啟業第二年，在院長的號召下接手無利可圖也沒醫院願意承擔的大埔醫療站，但更幸運的是有林繁幸醫師願意上山長期駐診，讓好事圓滿。至於我這後生晚輩，在院內受到由西醫轉中醫的藍醫師照顧，也讓自己在面對上司莫名對待時不致太想不開。上山竟又碰到藍醫師過往服務醫院的內科主任。

度過前一週大埔衛生所重開幕的喧騰，醫療站像電腦更新，總算回復到原始設定。我早上九點抵達醫療站樓下，一踏進候診區就看到座無虛席，在鄉裡的好事、壞事都傳得很快吧。而從北極殿義診後再次看到鳳為和吟淑這對母子，有股好友重逢的喜悅，這也是我上山期待的，她們的健康狀況得快些處理。

「葉醫伊……」吟淑顛著腳搖搖晃晃地進診間，鳳為一手撐腰，一手扶著牆面跟在後頭，和我點點頭，也和正在治療中的鄉民打招呼。

「又見面啦，最近好嗎？媽媽走路不太舒服？」這對母女顯得同病相憐，彷彿一不穩就會跌倒。

「啊，膝蓋腫又痛，嘉義市醫院的醫師說得要換關節。」鳳為先開口。

「妳想要換嗎？如果手術換關節，三個月後開始還要做復健，不如休息三個月，好了，就不用換。」

「真的嗎，不用動手術？我也不想開刀。但要我別工作喔，不做要吃什麼呢？」

「妳平常做什麼工作？」

「唉，我沒讀書，最常做的是去竹筍加工廠撕筍子。有時也會去做工程的小工、剪樹子，或是爬樹摘梅子。」

「做這麼多，一定賺不少喔。」

「喔，賺很多辛酸啦。早上七點出門撕筍子，五十公斤賺兩百八十元。一塊一塊撕，要坐在低椅子上五小時才賺得到。」

「可以換高一點的椅子，讓膝蓋舒服些。」

鳳為說，如果想多賺些，一天坐在矮椅子上十個小時很正常。整天中除了吃午飯、上廁所，哪裡捨得起來，做到下午五點收工回家時，有好一會兒站不起身。

「沒辦法，我要做工又要照顧吟淑，她有腦性麻痺，半夜裡常被頭痛、腰痛驚醒，要起來幫她。唉，膝蓋壞了，手也剪樹子剪到關節壞掉。」

「對了，我注意到妳的手指怎麼黃黃、腫腫的。」

「大家都這樣吧，可能是做筍子會泡在藥水裡面，愛錢啦，哪有辦法。」

「我來想看看怎麼處理。」

「對啦，葉醫師，我幾年前有次突然喘不過氣來，只好把吟淑放在家裡，到嘉義市檢查有心臟瓣膜脫垂，做心導管。」

從那時候開始，鳳很容易疲勞，整個人虛脫。只是，她還是撐著去工作，也沒再下山回診追蹤。

「妳膽子很大嘛，不怕心臟出問題。」

「天公疼憨人啦，現在才有機會等到葉醫師來。」

「鳳為妳先旁邊坐，等一下幫妳針灸。吟淑今天好嗎，妳先去最裡面那張治療床等一下。」鳳為突然呆在那，是聽到要針灸嗎？

問診、把脈後，我在電腦前快速地自言自語著問診中掌握的病徵並打下對治的藥方，讓她們在針灸治療後帶回家，一到兩週不等的藥能延續今天治療的效果。

這對母女的身型都瘦弱，頂多四十多公斤，吟淑應該更瘦些，走起路來搖搖欲墜，彷彿風大些就要熄滅的蠟燭。但吟淑至少還帶著笑容，鳳為的臉色有種說不出的苦，和候診的鄉民拿彼此生活上的辛苦鬥嘴鼓。

鳳為那腫到兩倍大的手指，倒是第一次遇到。我評估著，鳳為用來撕筍，該是發酵過後的筍子有很強的侵蝕性。我先拿針往黃且腫的食指扎下，以巧勁抽拉微調。應該非常痛才對。瞬間黝黑濃稠的血液迸發而出，落在椅旁的塑膠袋答答作響，慢慢地血液變得鮮紅、流緩緩地流著。

藉著經絡學的放血來讓手指消腫、放鬆，果然有立針見影的效果，這也能減輕她心臟的壓力。

鳳為驚惶未定地等待我的出招。再來，我用燃燒艾草粒的溫灸、藥洗薰蒸來減少化學藥劑的毒性反應，試著從根本改善手指的水腫。她從頭到腳都有未解的難題，生活在如何堪忍的世界？一開始，我理解到她對女兒未來何去何從的憂慮，持續性的壓抑、憂鬱，與過度工作影響的心律不整、關節腫痛。

好吧，走一步是一步。剛才開了讓心氣穩定、減緩骨痛的藥方，現在則要對症下針。先用內關、神門、中渚來調整心律，再往下走，血海、膝關、曲泉、足三里、陽陵泉、陰陵泉、委中，讓膝關節的疼痛緩解下來。

「下個禮拜還要來嗎？」我每一針扎下，鳳為的反應都特別大。「還好嗎？」

「葉醫師，我真的最怕針灸啦，但想說遇上了，不針也不行。」

「放血很痛吧？」

「我為了吟淑可是什麼都不怕，但對那麼細的針，真拿它沒辦法，怎麼針下去會又痠、麻、又痛。」

「吃苦當吃補，針了應該會快活點。」

「葉醫師你這麼年輕，還很有親切感。」

「妳真的要休息啦，一直坐著讓膝蓋彎曲，不會好。」

「針一下有差喔，人有比較鬆。」鳳為說，明日還要做工。「那妳記得撕筍要坐高一點，要常起來讓膝蓋動一動。」

「吟淑，還好嗎？」

我幫鳳為處理後起身，一個箭步來到吟淑趴臥的治療床，先用掌根拍、揉脊椎兩側的膀胱經，放鬆緊繃的肌肉。然後移到床欄前，低頭開始把左手的脈，再換右手。我要開始針了。

吟淑自然成為我到大埔的首要挑戰。當慢慢認識她和鳳為，愈加感受到人生的難為，考驗常來得措手不及。她們母女和大部分以勞動維生的鄉民有著相近的痠、痛、麻、脹、癢症狀，甚至來自精神情緒的疾病。外人很難想像在湖光山色的環境下會鬱悶、選擇結束生命。而吟淑則是從出生後就註定的腦下垂體異常，無法逆轉，更只能接受逐步走下坡的宿命。

「嗯、嗯啊、啊、嗯啊。」

吟淑在針灸時頻頻喊痛，眉頭打了一個又一個的結。一旁的長輩投以同情的眼神。我用四聰神、印堂、耳門、攢竹、睛明，以安定神經為主的穴位針灸，每下一針，都讓她面容糾結。小腦萎縮，大腦也受到損傷，運用頭皮針的刺激能活化腦部的神經，試著由大腦下達修復病徵的指令。每一針下去，會讓右腳不自覺伸直、緊繃著，但過度時甚至會引發腳抽筋。

當時，吟淑因為年輕，雖然吊著腳走路，顯得顛顛倒倒的不平穩，卻還順暢，莫名的跌倒則是難免，看她臉上的傷勢就知道摔得輕重程度。鳳為說，女兒常反覆頭痛、肚子痛、胸口疼痛，半夜忍受不了而醒來。

要幫危脆欲塌的身子補強是項大工程。把身軀當成是房舍，四週的主梁穩固了，房子才能安全。承山、崑崙、照海，用以穩定吟淑的背部內側；膀胱經能讓背部撐起來，有助走路穩定；膽經與腎經則能穩定外側身體。如此鞏固身體的四個角落，讓吟淑能延伸與舒鬆筋膜，增加身體的穩定性，還有增加元氣的效果，不只要把她撐起來，也要為她消沉多時的意志增加一些正能量。

「妳出去打零工，吟淑一個人在家？」

「嗯，我先把午餐煮好讓她時候到了自已吃，但她的手不方便，吃得少。」

「她回大埔一直沒出門？」

「從臺中回來有讓她去大埔街上賣彩券，星期六和日兩天，就在北極殿附近。星期一換夜市去賣。」

「生意好嗎？」

「我幫她準備一個皮包，彩券放在裡面，她自己慢慢走過去，反正經過的人想買就買。」

「後來為什麼不繼續做，因為走路不穩？」

「對，後來她會喊頭痛，常常跌倒，怎麼敢讓她出門，其實她一天最多賣出去一千塊彩券，實際賺一百多吧，危險啦。」

鳳為說算不清勸了多久、多少次，吟淑才不情願的從臺中回大埔。而麻煩的也是她始終沒死心，想靠自己生活，但現實也由不得她。賣彩券時，不知為什麼變得容易跌倒而作罷。每次努力踏出去又被迫回到原點。後來，鳳為帶吟淑去大林慈濟檢查發現不僅腦性麻痺，還有小腦萎縮。

「後來都待家裡？」

「差不多，她有段時間和我去摘樹子，但老是磨破手，也是做好玩啦，我不敢要她做，辛苦錢。」

「這樣在家也真無奈。」

「沒辦法，像她手不方便，腳也站不穩，我也不讓她煮飯，萬一燒起來，我更麻煩。」

「有帶吟淑去哪裡看醫生嗎？」

「她以前在臺中讀書，在彰化基督教醫院看病拿藥。回大埔正好有葉醫師來，講起來我們這個山區也是有好運。」

床邊的計時器響起。記得第一次幫吟淑拔針時，竟然因身體的張力太大而把針弄彎，得順著它彎曲的弧度緩緩地轉出，這該是我遇過最難起的針之一，而鳳為讓筍子染黃的手指也是我第一次嘗試處理。只希望治療中帶來的折騰，能為她們換來好的代價。

有一次門診，我對著眼前熟識卻又變得陌生的老病號，夾雜著無奈又不捨的情緒碎唸幾句。

「為什麼不吃毒一點！現在把腸胃都搞壞了，接下來有多辛苦你知道嗎？」

其實，他向來是我心中的「黑暗界」代表，來診間時總唉聲嘆氣，老覺得生活沒什麼好冀望，人生好苦。就算走出門是湖光山色的美景，早被生活上的鬱悶壓得變形，愈看心愈糾結，他扭開大埔農家必備的農藥，喝入口就開始後悔。鳳為說過，鄉內想不開、自殺的人不少。多年前有天早上，當她推開廚房門時，看到一雙腳懸在半空中，空氣瞬間凝結。目睹阿姨想不開上吊，被嚇到魂飛魄散的她發誓，以後就算再怎麼苦也不要走絕路。而更大的原因是如果她先走，那不是要放吟淑自生自滅。

後來，喝農藥的大哥從山下回到大埔調養，來到診間後認真配合我的治療，不僅沒像喝農藥自殺的人日漸削瘦，大難不死的他竟足足胖了十公斤。現在，他會主動和其他病人聊天，像是做人要正面一點之類的，一副心靈導師的模樣。

唐代有位太上隱者寫下「山中無曆日、寒盡不知年」，那是在終南山上不食人間煙火的禪意。而我每週和鄉民的約定，一週、一月、一年，在山下、山上奔波往返中，不覺年日已過。「現在有葉醫師在，大家都很健康。」鄉民琅琅上口的稱讚倒不致讓我得意忘形，因為變數總說不準。

在醫療站旁鄉公所辦公的鄉長、農會的總幹事、國小的校長、加油站旁經營竹筍加工廠的阿伯、住在茶山做黑糖的大哥、在能一覽水庫制高點上賣箭餐與栽培咖啡的大姐、大埔鄉的第一位慈濟志工，還有大半以農事維生的鄉民，我學會從他們的言行、肢體動作，還有眼神，試著去多聊些、觀察，盡可能探究出病因和對治之道。

其實，他們很快地就對我移除戒心，直接、坦承自己當下的症狀。頭痛、肚子痛、腰痠、神經不穩定，我竭盡所能的診斷、治療外，更得對他們耳提面命。

「在山上就算七十歲了還是得要做工。」

「你坐太久，還爬山、下坡，結果膝蓋、腰都受傷。」

「實在都是葉醫師來才把我看好。」

「對呀，好險把你顧好，所以不要再一直做，做到身體壞掉。」

「盡量啦。」

「昨日那位阿伯因為太喘坐救護車下山，她太太做筍從早坐到晚，和我說腰痠痛的不得了，坐這麼低的椅子當然會站不起來。」

不會吧，應該沒有窮成這樣吧。一開始我也會這麼想，鳳為和其他鄉民，為了生活需要這麼拚命嗎。但任憑我再怎麼告訴他們疾病的源頭、病因和對健康的影響，都不會有用的！他們確實必須從早忙到晚才能糊口飯，叫他休息等於要他的命。

「今天不做，說不準明天就沒飯吃。」

「只要還剩一點力氣，就會去做工。」

這是鄉民生活的基調。反正，我就是繼續看診，每週幫一次忙，讓他們知道在醫療站一定找得到我。

大埔醫療站應該是賠錢的吧。健保給付的中醫巡迴醫療治診察費用限制三十五人。但鄉民很快就用行動顛覆這值得商榷的規定，每診來到七、八十人，甚至一百人，大概占鄉裡實際居住人口的十五分之一。

只是，我沒有任何限診的想法，雖然拿不到三十五人以後的診療費，好歹健保仍會負擔藥費讓大家有藥可拿。

有次在大雨過後上山，沿途落葉與樹枝四散，偶爾有小顆的落石。看診時突然聽到診間外一陣吵雜，原來在曾文水庫開交通船的大哥被毒蛇咬了一口，送來醫療站急救時已經過了三十分鐘，還好這裡備有常見的毒蛇血清。

林醫師在確定毒蛇種類後給予血清治療，命總算保住。如果一開始就想要往山下送，那可是一點機會都沒有。大哥說，連日大雨讓如同荒地的水庫蓄滿，交通船總算盼到復航，他得把生病的鄉民從馬頭山送來醫療站。可是才上船，手正握著鑰匙要啟動時，冷不防就被突然竄出的毒蛇吻了一下，忍著痛把船催到緊繃。真是好佳哉，可能上輩子有燒好香。

來診間的鄉民說，醫療站所在的大埔村和一溪之隔的永樂村間，古早時代有吊籠、竹橋供鄉民穿越幾十公尺寬的曾文溪，水位比較低的時候就直接用麻竹綑綁成一個面平鋪在水上。農民戴著斗笠，肩上的扁擔裝滿剛收成的農產，晃呀晃的到大埔街做小生意。後來則興建以鋼索固定的吊橋，才讓鄉民不再提心吊膽。

直到水庫完工徹底阻斷交通，應運而生的交通船不僅用於觀光，也是永樂村孩子到大埔上國小、國中的唯一方式。每天有四班交通船，醫療站的護理師雅如常利用中午休息時間，搭船送藥給對岸行動不便的長輩，再趕著回診所準備下午的門診。

「葉醫師，吟淑又被她爸爸修理。」

「她還是和爸爸一起喝酒？好不容易才幫她調整好身體。」我接起鳳為打來的電話。

「他們父女一天到晚躲在家裡喝酒，發神經，我實在沒辦法，要不是為了吟淑……」鳳為焦慮的話不成聲。

「好啦，先別亂想，等上山門診再看看。我們一起想辦法。」這對母女好不容易過了三、四年的安穩日子，又開始風雨交加。總是撐到情緒到最谷底、不知該怎麼辦時，鳳為會試著打給我。吟淑回到大埔第五年，父親常藉著酒瘋發飆，甚至修理她。

吟淑的身體的緊繃感在針灸和藥物的刺激下減少，動作變得靈活，走起路來還是有些顛，但那平衡感好到不用擔心可能會跌倒。遺憾的是她的體重沒有隨著食慾變好而增加，始終維持在三十多公斤的瘦弱狀態。鳳為則在讓我調養外，接受大林慈濟的林俊龍院長在山下醫院裡，透過電腦和山上的林繁幸醫師連線視訊做心臟內科的遠距醫療。

「你看這幾年葉醫生把吟淑調養到會走。我也走得穩，心臟也不需要動手術。」鳳為像放送頭，遇到熟人就說一次。時間可能是最好的朋友，也往往是最現實的考驗，還好我幸運地通過。

只是，當吟淑的父親因失意而開始找她喝酒，這個家便充斥著一股酸腐味，我的煩惱像蜿蜒的臺三線，如何都看不到終點。

鳳為說：「現在代誌大條。先生在年輕時跑去幫弟弟做保，好幾百萬呀！小叔不想還銀行錢而悄悄地脫產。我們會知道出事是農會的戶頭被查扣到只剩五十七元。」

「做保的人有好幾個，我們的鄉那麼小，大家都知道這不是你的問題，為什麼要這樣失志？」

先生像顆破洞的氣球。一開始還照常出門做板模工，可是想到有錢卻不能存到戶頭，自己的名下不能有車、有房、有存款時，就一肚子氣。喝酒，不停的喝酒，真是再簡單不過的逃避方式。

他看到吟淑一臉擔心的模樣，竟打破多年來的冷漠拉著女兒一起喝。兩個人在家裡你一口、我一杯地喝個不停，直到天昏地暗醉死為止。鳳為看著先生被債務折磨，心裡頭難過，只是，人要是想不開，說什麼都聽不進去，講什麼都會惹他生氣。

「如果不想讓家裡的人承擔債務，倒是有個方法。」

「妳又懂什麼？」

「最好是和三代人都脫離親屬關係、放棄繼承。」

「妳別在那邊說瘋話！我活到這個年紀，拚到現在，什麼都沒了，現在連一個小孩都保不住？」

鳳為的先生發了一頓脾氣，酒繼續喝，心情鬱悶的沒半點起色，連家門都走不出去。後來得到憂鬱症，當第三次自殺，送到山下醫院洗腸時，護理師忍不住勸告：

「你家人這麼關心你，不覺得難過嗎？」

鳳為則告訴先生，她已經盡力了，如果真的怎麼樣救不回來，不要怨她。

其實，吟淑以前就不好睡，說自己會看到很多奇怪的東西，於是，常在睡前喝幾口酒來麻痺自己。還好，她談不上有酒量。父親與她相伴喝酒，兩人各有自己的憂愁，在酒意中混合得再也分不清。

原來，除了本身的疾病，家，往往是最大的變數。

吟淑手部不自主的抖動，很難好好吃頓飯，而鳳為要外出工作，沒法全力照顧。至於吟淑的爸爸，始終解不開為何生出這樣女兒的結。「我們家本來還可以，生出這女兒真是家門不幸呀。」

他也覺得老婆賺錢比較多，三天兩頭的挑起嘴上的戰端。已經為女兒煩心的鳳為可不好惹，兩人吵著就會大打出手。

「你們差不多就好。」鳳為拖著工作竟日的疲憊才踏進家門，迎面而來一陣酸味。客廳的地上、桌上東倒西歪的酒瓶，沒喝完的深色液體濺了一地。長條狀的木頭椅上吟淑和父親一人倒一邊，打呼聲中夾雜著不知所云的醉話。

有一天，我正低著頭幫病人把脈，診間外有陣嘈雜聲從單薄的門板穿進來。

吟淑從一樓搭電梯上來，鏡面的不鏽鋼門還不及闔上，一腳跨出的她直接仆倒在洗石子的地板上。還好，她自己起身拍拍手腳、屁股，酒精還沒褪盡，痛也不覺得痛吧。

下巴、臉頰、眉毛，她的臉上早已留下醉後跌跌撞撞留下的傷痕，有些還是現在式。

和父親頻繁喝酒的這幾年，原本就顯瘦的她體重掉到三十多公斤，大概只剩下骨架子，總是奄奄一息地，走幾步路可能就摔倒。一個人不吃飯，光喝酒，能撐多久呢？我這幾年調養吟淑身體的努力像逐漸液化的堡壘。

唯一值得安慰的是，她保持每週三來醫療站報到的習慣。

雖然她說沒喝酒就會來，但就算沒聞到味道，從她走進醫療站的姿態就能猜到八、九分。很擔心她被酒打回原形，原本就有夢想無法實現的苦，現在則多個逃避現實的方法。

終於無法靠自己走樓梯上醫療站，吟淑會先把電動車停到一樓電梯間旁，下車後搭電梯上到二樓。不過一層樓的晃動就足以讓她突然失去平衡。而當她變得異常安分時就得特別留心。

我故意問躺在治療床上的吟淑。但她眼神迷濛地說著一堆我無法辨識的音節，任憑我豎直了耳朵。唉，我會覺得可惜，但回頭看看無助的鳳為，忽然意識到我怎麼想並不重要，既然把她們當成是朋友、家人，該做的就是盡力而為，然後祈禱這場風暴有平靜的一天。

「妳怎麼了？」

針灸前，我一如往常地先壓揉脊椎兩側，吟淑反射地咳著，咳到舌頭都吐出來。仔細聽，那是氣管的聲音，意味著肺部有發炎的現象，出現發熱、頭痛與胸悶的症狀。為了拉出沉溺在酒中的吟淑，鳳為一度認為是「酒鬼」的影響，特地跑去找人幫忙收驚。

捱到針灸結束，吟淑起身、穿上拖鞋，走著走著，就直接撞到足足有兩人寬的診間門框上，口中還碎碎唸唸個不停。

「吟淑，真的有問題要講！我們都會幫妳，不要喝酒好嗎。」勸了一年、兩年、三年，抱著自己是吟淑最信任的醫師、她總該會聽吧這樣的態度。但慢慢的，我也沒有把握。

「妳要不要參加鄉裡的基督教社團、長照、健康衛教。」我建議吟淑去看看有些人可能比自己的情況更差，多聽對健康與心靈有幫助的資訊，但她沒興趣。

那參加外頭的活動呢？她上網找到小腦萎縮症病友協會定期舉辦的聯誼活動，埋藏在心底許久的探險魂又復活。她讀專科時就曾獨自坐火車到花蓮找學姐，也到過小琉球找國中的同學，如果沒病沒痛，喜歡四處趴趴走的吟淑會發展成什麼模樣呢？

萬一跌倒受傷怎麼辦？媽媽對吟淑出遊的計畫，說什麼也不答應。對女兒從小到大的擔憂始終沒變，心裡想的就是要保護，不想她受傷、受委屈。後來，吟淑到診間說，以前都是自己坐車出門、回家，現在要怎麼才能說服媽媽讓她參加小腦協會的出遊活動。

「小鳥協會？是賞鳥的嗎？」

「哈哈，不呃啊。」

「好啦，開妳玩笑，但妳要保證不能再喝酒，我幫忙和媽媽說。」

為出門玩，吟淑還真說到做到，乖乖地滴酒不沾。鳳為陪著吟淑搭車到嘉義市，再轉車到臺中小腦協會的活動會場報到。賞花、吃美食，看到女兒許久不見的笑容，以及那眉宇間帶著淡淡憂愁的線條。

這劑出遊的特效藥，小腦協會每年一次的出遊，著實帶給吟淑抵抗酒精的動力。只是，一年有漫長的三百多天，回到大埔家裡，她依然面對的是失志酗酒的父親，不用太多時間就束手就擒，倆人繼續在家裡借酒消愁、自怨自艾。

有一次，在大埔醫療站的上午診快結束，難得還沒見吟淑的蹤影。大概酒味太重，可能下午就會來吧。每週一次的門診人很多，當我分神這麼想時，資深的護理麗燕過來診間說吟淑在家好像有點狀況，問是否能搭配雅如去家裡往診。我大概想了幾秒鐘。上午還剩下多少病人、往診來回的時間？

我決定去一趟，這也是我上大埔第一次到病患家中往診。

吟淑家就在鄉裡營運不久的歐都納飯店對面，一排兩層樓高房子中的一間，鳳為夫婦從老家離開後一直租在這裡，顯得斑駁的建築和一街之隔那新穎、大面積窗戶營造出的氣派飯店形成強烈對比，從家裡出門的右手邊，直走一百多公尺就是曾文水庫旁的湖濱公園。

陪著我往診的雅如，自願到山上服務還不算太久，但已經和鄉民們相處得很熟。其他的上來支援過的護理同仁珮瑤、淑蘭在平時下班或是下山休假時，都會特地去看看吟淑。

鳳為出來招呼我們，直說家裡很亂，很不好意思。我們一眼就看到吟淑癱在客廳的長椅上，雅如熟門熟路的幫吟淑測體溫、量血壓。

「不知道是喝酒，還是小腦萎縮症發作，吟淑突然暈倒，手會抖。」鳳為說吟淑好像不知道人了，臉色還有點白，已經逐漸恢復過來。她看到家裡這麼多人，臉變得有些紅潤，甚至擠出笑容，依她好奇愛玩的個性，一定是對家裡破天荒的有朋友來感到開心。

「每天喝酒，不吃飯。」鳳為說著，吟淑的臉更紅了。

「都喝什麼？」我看著桌上深咖啡色玻璃的酒瓶。

「吟淑每天早上起來就去雜貨店買一罐大雕，五十塊，有陣子一天買三罐。」

其實，吟淑只有半瓶的酒量。買回家喝了兩口，轉個身就忘記把酒放到哪裡，再跑去雜貨店買，所以家裡面東一個、西一個，隨處可見沒喝完的酒瓶。

「怎麼不拜託老闆別賣酒給吟淑？」

「沒用啦，我要出門工作又不在家。老闆也不想賣，但吟淑就一直在店門前。」

「吟淑還真賴皮。」

「她說喝醉以後比較好睡。我每天回家就是看到兩個人醉倒在客廳裡。」

「吟淑，大家都很關心妳，會幫妳，自己也要加油。」我轉過身說吟淑。

「葉醫師，我得做工又要照顧他們父女，為什麼清醒的人最痛苦。」

「無論如何，這個難關絕對度得過，妳什麼困難都有辦法忍耐。」我相信鳳為，從小到現在，她早就鍛鍊出超乎常人的心志。

「吟淑，我想邀請妳和媽媽來參加我的婚禮。」

「……」吟淑聽到後傻笑著。

「真的？葉醫師真要結婚，恭喜、恭喜。」鳳為開心地說。但下一秒的眼神裡帶著為難。

「妳們都來幫我熱鬧就好，我沒收禮金，拜託，人來就好。」

「葉醫師你真正不簡單，為病人到現在才結婚。」

「也不是啦，也要看緣分。」

我在四十一歲那年結婚。就算工作再忙，遇到對的人時，總該義無反顧。而爸、媽總算盼到三個兒子都完成終身大事。在嘉義市區舉辦的婚宴有雙方的家人、同學。鳳為母女是我邀請下山參加婚禮三位鄉民中的其中兩人。

當婚後上山看診時，也不知是誰走漏消息，被大家唸了好久。葉醫師這麼大的喜事怎麼都沒說？這樣不行啦，我們都沒有好好恭喜你。

邀請吟淑參加婚禮，我設定這是一項祕密武器。在醫療以外，總想如何能讓她開心一點的方法，到底怎麼樣才能讓她不要喝酒。當你發現問題的癥結是吟淑和父親那股始終無法化解的自卑，才會試著放下怎麼勸都沒能發揮作用的挫折感。

吟淑每週來醫療站是出於一種習慣，有不想再沮喪下去的掙扎企圖。那一口氣在回到家後就消風了，只有酒精可以麻痺自己的意志。

喝酒、吃不下飯、站不穩、跌倒。繼續喝、食不下嚥，然後因為站不穩，把自己從頭到腳跌得傷痕累累，我看過一次又一次的循環，彷彿倒帶重播沒有例外。吟淑只有來看診前盡量不喝，或是少喝些，至少，她還是在乎醫療站裡守候的醫師。

好吧，既然怎麼勸都沒有用，那就在針灸、電療以外，再開解酒方。葛花、白荳蔻、砂仁、木香、陳皮、人參、茯苓、青皮、白朮、神麴、乾薑、豬苓、澤瀉十幾味藥材組合的葛花解酲湯，雖然不能讓吟淑的酒癮變小，至少能在吃下中藥後有短暫的，不會那麼想喝酒、會有變得比較清醒與舒服的時刻，這藥方也能益氣健脾，看看能否讓她的胃口變好些。

下診回家後，我準備些營養品，聯絡要準備上山的復健師帶給吟淑。喝酒時怎麼講都不會聽的，做母親的鳳為六十歲了還要爬樹摘梅子，我們能做的也許只是用時間陪伴，三不五時聊聊，試著聽懂她們的心裡話。

「葉醫師，吟淑都不吃、不喝好幾天。」

「怎麼會這樣，醫療站現在還有很多病人在等，可以帶過來嗎？」

約莫半小時光景，鳳為扶著吟淑進來診間。好幾天沒正常吃飯了，整個人像是消風的氣球，抬起頭來看我時，被挖空靈魂的眼神，身體正不自主發抖。

「太瘦了，都吃不下？」

「跟著她老爸喝酒，根本喝沒幾口，但她就是不想吃飯。」

「得盡快幫吟淑補營養。不過，這裡只能吊點滴，還是，妳先帶吟淑回家準備行李，我下診就過去。」

「葉醫師你的意思？」

「吟淑必須下山住院觀察、補充營養，我開車帶妳們去。」

「不行啦，你看一整天病已經夠累了，不能再麻煩你。」

「反正我也要下山，只是順道喔。」

請鳳為先回家準備住院的物品，我趕緊打電話回山下的大林慈濟，拜託醫事室同仁準備住院的手續、預留病房。

中醫的門診燈號在六點熄滅。幫最後一位病人拔完針，我拜託品妃收拾診間後就開車過去吟淑家。醫療站到歐都納飯店約莫一分鐘車程，和鳳為一起扶著吟淑坐上後座，直奔大林慈濟醫院。

臺三線上日間的車原本就少，平日是鄉民出入、貨運、工程以及公務機關的車輛為主。入夜後，大半路程得靠車頭燈指引，偶爾路過的村落會有公路兩側連續的路燈。經過背陽路段時，在地面上湧起淡淡的霧團，一個個像是低頭覓食的綿羊，不一會兒，霧氣瀰漫上來，毫不留情地遮去眼前的視線。

我放慢速度，輕踩煞車、平穩過彎、再加速，接近山區路段尾聲的中崙與沄水間時，與從嘉義市發車的末班客運相會。但鳳為已經臉色慘白，壓在接近暈車可忍耐嘔吐的邊緣上。

到醫院後，吟淑順利住進病房，護理人員過來打上點滴，我要鳳為趕緊休息吧，接下來還得靠她照顧女兒呢。

在醫療站成立後陸續上山支援過的幾位護理同仁，有空就去病房鼓勵，逗吟淑玩。吟淑在大林住了三天，準備出院。用點滴取代酒精，吟淑的臉色果然好看多了，倒是鳳為仍然有點驚魂未定，除了擔心女兒，那每次上、下山一趟五十多公里的漫漫山路，簡直是場折磨。

「葉醫師，我哪有可能報答你？」

「妳別這麼說。那天只想帶吟淑趕回醫院，幸好沒讓妳吐，不好意思。」

「不會啦，和吟淑上次吐血坐救護車下山比好太多。」

「吟淑的命是你救的，要不是遇到你，不敢想像現在會變成什麼樣子。」

吟淑四十歲那年，有天突然在家裡吐血。鳳為說吐了好多，很髒、很濁，過來關心的鄰居七嘴八舌的很擔心，有人幫忙打１１９求救。消防隊和大埔醫療站距離鳳為的家差不多遠，救護車的警笛聲在幾分鐘內就響徹街道。

鳳為撐到山路尾聲的泫水後，打電話向物理治療師華龍求救，拜託他在醫院等她和吟淑。才抵達大林慈濟醫院的急診室、腳落地，鳳為的胃像狂浪中翻騰的船，狂吐沒消化完的食物、酸水，乾嘔個不停。

「妳們母、女到底誰比較嚴重？誰要先看？」

急診左側負責檢傷的護理人員一臉納悶。鳳為吐到快虛脫，冷汗直冒。倒是吟淑下山後就沒吐什麼東西，醫師說，這樣無法做太多檢查和判斷，觀察一下沒事的話，應該可以先回家。

華龍老師在一旁虧鳳為是抓兔子第一名。

菩薩慈悲，給陳家的考驗應該夠了吧。

鳳為早上在客廳裡點香，祈求著神桌上的神明，是不是該讓這個家喘口氣。喝悶酒的先生嘗試了結生命，一次、二次、三次都即時發現救回來。但這次生病，卻由不得誰來作主。

「我就想奇怪，他一直咳嗽、打嗝。以前吃點藥就會好，為什麼這次沒日沒夜地已經一個禮拜。」

嘴巴上會唸、會吵，鳳為依然是個以先生為天的傳統女性。把先生送到嘉義基督教醫院檢查，發現是食道癌第三期末，位在脖子連結臉的地方。有時，當天來回大埔與大林之間，有時則住院等待隔天的治療。鳳為陪先生回到大林慈濟化療、電療持續反覆的治療過程。

「阿公化療後想會診中醫嗎？對治療的副作用有幫助。」護理人員進病房問鳳為。

「我已經來了！」我正好一腳踏進病房。

向來故做堅強的鳳為笑到眼角泛出光亮。物理治療師華龍虧過她。妳怎麼這麼堅強，碰到這麼多事都不會哭。鳳為說心不能軟，否則會被人吃夠夠。

一個尋常的日子裡，鳳為的先生在病房裡忽然大吐血，量不到脈搏。她的腦海裡跑進吟淑曾經吐血送急診的畫面。

「是不是快要走了？」廣播傳來急促的「999」，穿著長、短白色袍子的人陸續衝進來。在人影交錯晃動中的一陣急救後總算解除危機，先生被送進加護病房觀察。

幾天後，鳳為接到通知後趕到急診大門，發生心律不整的吟淑被擔架推下救護車時，一直喊著胸口痛。鳳為忍不住悲傷又無能為力的淚水，真要把人逼到極限嗎？被迫放女兒在山上的她不斷叮嚀：「要到街上買吃的，錢不要省。」吟淑嘴裡說好，卻仍想省錢，每天到街上買菜回家用電鍋煮。

我來到加護病房外，鳳為神色無主地搖著頭，一對父女都在醫院裡等待過關。

「他想不開去喝農藥時，我想那我也要，但吟淑要怎麼辦？」

「這需要時間治療，總是要有耐心、要忍耐、要堅強。」

「我的堅強是葉醫師給的，不然十年這樣的日子真的要怎麼過下去。」

「珮瑤、淑蘭、品妃、雅如、華龍，大家都很關心，妳不是一個人。」

「唉，我這樣一直守在醫院，路途遙遠，吟淑有個三長兩短，根本來不及趕到。」

「還好啦，她現在很穩定，隨時都可以出院。」

「但就算回家了，幾個弟弟妹妹都有自己的家庭，她一個人生活，連拿碗都不穩。」

好在十天後，吟淑康復出院回大埔，父親則在兩個月後轉到普通病房。鳳為指定要健保床。這樣人多有伴，比較熱鬧。

那天，鳳為請二女兒帶她回山上看吟淑。想不到先生醒來後滿臉驚慌，轉眼就哭得眼淚直滴。

「護士小姐，拜託啦，我太太一定是受不了跑掉。」

「妳太太只是請假而已，別亂想。」隔壁床的病人先回話。鳳為回家看吟淑前先拜託她幫忙關照先生。

「阿公，阿嬤有和我們請假啦，很快就回來。」

夫妻，是上輩子相欠債？鳳為相信自己肯定欠很多。誰受得了家裡的變化。若真不要他，早就跑得跟飛一樣。

原來，鄰床有個阿嬤常喊口渴，看護給水喝後，一會兒就急著說要上廁所。看護索性不給阿嬤水喝，阿嬤一喊就被掐得不敢出聲，鳳為的先生都看在眼裡，就怕太太把他丟給看護被欺負。

住院一段時間後，先生做了胃造口，也如願回大埔休養，三餐由鳳為灌食。說也奇怪，醫師開了止痛藥，還勸著有痛要說，不要用忍的。但先生說不痛，連一顆都沒吃。

家裡不再有人成天喝酒，變得平靜許多。鳳為想起那段父女共同酗酒的日子，曾無意間聽到先生趁著酒意對吟淑說話。

「我現在真沒路用，但是，妳一定要比我早死，知道嗎！如果妳比我晚死，妳媽媽沒辦法幫妳燒。」

吟淑邊哭邊依嗚的說著沒人能懂的話，鳳為假裝沒聽到的回廚房準備晚餐。也許先生是裝酒瘋，但天知道，有人說酒醉的人最清醒，他做人家父親的痛苦，沒法說。

「媽，我對不起妳。」吟淑一個字一個字緩緩地講。

「妳不要再說這些，妳爸已經很煩了，妳可不可以不要讓我更煩。」後來，吟淑趁著母親外出工作時，吃力地坐上電動代步車想投潭尋短。

在先生回到大埔休養的短暫時光中，肚子餓了卻不吃飯，心裡只想要再喝酒。鳳為唸他沒意志力，一直想死就能解決問題嗎？說死就能死嗎？吟淑擔心父親餓、營養不夠，每天跑去小店裡買一瓶牛奶給食不下嚥的父親。

「鳳為，這個禮拜，妳可能要有心理準備。」我在出國參加活動前，提醒著。她一直陪著先生，應該也會有點察覺吧。從發現食道癌到過世，不過短短的十個月時光。鳳為感受著，先生沒有添太多的麻煩，也許是他對這個家最後的好意吧。

診間旁的治療區，鬧鐘兀自嗶嗶響起，或坐或躺的鄉民早就習以為常，連眉毛

都不至揪一下。品妃幫忙鳳為拔針。這可是鳳為工作多年後心甘情願的休息兩個月過後，儘管還是有血液循環不良的老症頭，但她不得不承認，我說了又說的休息，真是最好的解藥。品妃接著幫吟淑拔針，看似感冒的吟淑也感覺輕鬆許多。

突然診間門開了一半，有位病人先把一包醃製的果實放在桌上，然後從隨身的小背包裡掏出一個吊飾。「葉醫師，這是醃了六年的梅子，你帶回去吃。還有這個是用香楓樹做的，可以避邪。」她說今天農忙，沒空看診。但還是抽時間把伴手送來醫療站。像旋風，說完就轉身、關門消失。

「謝謝葉醫師。」鳳為和吟淑準備離開診間，一前一後地說著。

「別客氣。今天怎麼過來？」

「吟淑騎電動車載我。」

「這麼厲害，那妳就輕鬆了。」這兩年來，鳳為的腳力大不如前，也用電動代步車取代摩托車。每週三一到，母、女倆各騎一臺車來。

「她現在不喝酒，每天中午還有長照的人來家裡餵飯，和以前差好多。」

「確實，我覺得她是這麼多年來最胖的時候。」

吟淑搖頭、苦笑著，一直想否認。和剛進門悶悶不樂的模樣真是差很大，沒病沒痛的人生，誰不想呢。

「葉醫生，你真正是我的貴人。有你，才有現在的吟淑。」

「千萬別開玩笑，如果只靠針灸和中藥，吟淑早就再見了。都是大家一起幫忙才有今天。」

「對，實在要感謝很多人。但葉醫生每個星期三來大埔看整天門診，我們真的有福氣。」

「我才要感恩妳，幫我向天祈求保佑開車平安。山上下大雨時，打電話要我千萬不能上山，太危險。看完診下山，又打電話問我到家沒。」

「這是當然的，開山路實在好危險。」

除了鳳為，駐守醫療站的護理人員珮瑤也常叮嚀我要注意安全，打電話問我，到家了嗎？當我到山下時，會打回醫療站報平安。

鳳為向公所申請居家照護，一個禮拜有六天，會有人到家裡幫忙餵吟淑吃午餐，二、四、六三天則來幫忙洗澡，讓鳳為可以放心出外工作，更重要的是吟淑正常吃飯後，臉變得有肉，人也有精神。

吟淑邁入半百後，手晃得更嚴重，吃飯會弄得滿桌都是，鳳為盡量餵飯以外，每週早上針灸，下午繼續做復健，希望能多訓練她手的肌力。

聽吟淑說，以前特教班有四十多位同學，大部分不是躺床，就是不幸過世。回頭來看吟淑，儘管病痛、家庭中的波折不斷，至少有中醫的調養，還有醫療站上上下下夥伴的陪伴，也算活得平穩，反覆發作的頭痛、胸口痛、肚子痛都能得到緩解和調整。

醫療站的夥伴都喜歡吟淑的單純，病苦中的樂觀。在她成長的過程中，確實有很多人會給她幫助、看顧，但她並不期待別人的施捨。

她很操心家裡的情況，不管父親曾經對她如何，她知道能長到這麼大是父母的拉拔，雖然妹妹有時回家時會唸唸她，但如果沒有妹妹的幫忙，她會過得更辛苦，所以也抱著虧欠妹妹的心情。

說了再見，母女倆走出診間。電動大門倏忽開啟，吟淑沒如往常搭電梯到一樓，她選擇抓著扶手，一階一階地緩緩往下走，鳳為則保持在高一階樓梯的位置。幾分鐘後，吟淑走到路旁的電動代步車，努力地挪進駕駛座，鳳為跟著擠進吟淑身後。

放眼望去是環繞大埔層層疊疊的山巒，正前方是最高又開闊的馬頭山。吟淑開啟電源，電動代步車以五公里的時速，往約莫百公尺外的租屋處直行。雖然是租的房子，但依然算個家，經歷百般風雨後，儘管疾病仍如影隨形，只要每天能睜開眼，相信這對母女就會試著，如常的過這一天。

前陣子，鳳為慌張地到醫療站，看遍每個角落，問大家有看到人嗎。

吟淑又不見了，怎麼辦？後來，街上有人看到吟淑騎著電動車往湖濱公園去，讓鳳為手腳發軟，她該不會像以前那樣又想不開，現在家裡好不容易平靜了。

鳳為趕到水庫旁的護欄往下望，女兒果真在湖底。

還好，水乾了，露出的是過往大埔街道的遺跡。

「妳可以自己走下去，就自己走上來！」鳳為在虛驚一場後，放聲大罵。

「我只是散散心，水都乾了，還能怎麼樣！」吟淑露出她那笑中帶點憂鬱的招牌笑容。

2

在路上

上千次獨自開車上山、下山的日子，
我不覺得特別孤單。
除了有意外多出的時間，
去思索自己、病人的問題；
更因著有志一同的夥伴接續前來。

忽略掉幾回讓人膽顫心驚的交通意外，
繼續馳騁在臺三線上，
把握每遭上山的相逢。

或許你知道，臺三線的起點在臺北市的行政院大門前。

那麼，這條臺灣最長公路第「３３３」公里標誌位於哪裡呢？

五月天裡，我開車前往大埔醫療站。經過臺三線的相思樹林路段時，放鬆油門，盡可能地放慢速度。

車行處，輪子揚起一陣相思樹的花瓣波浪，如金黃色的精靈，旋轉、跳躍、翻飛，也一併揚起家人、過往、病人、我為何而來？生活的點點滴滴。

然後緩緩地，隨著花瓣陸續墜落、沉澱，在心中尋覓到安放的角落。

山裡，不盡然都是綠色的天下，即使看起來是如此。因著樹種、季節、天候的不同，在光影加持以及各自盤據的領域多寡，產生各種比例與層次的變化，九月的欒樹開花，在綠色漸層中添加燦爛的金黃，幾天過後轉換成火紅。還有我最鍾愛的相思樹花海，在滿布約莫二十公尺高的相思樹群路段中，我闖進一夜間落花如地毯的金黃世界中，更捨得放慢車速去揚起地面堆疊的球狀花序，只為鋪陳思索的想像夢境。

這大概是我心中浪漫的小小爆發，接著回到戰鬥模式，踩下油門直奔醫療站。

其實，在這條有美麗風景與承載大埔鄉民喜悅與哀愁的公路上，危機四伏，考驗的不只是開車技術。

從我當住院醫師開始上山服務，轉眼二十年已進入生的下半場，卻曾在這條公路上遇到幾回或大或小意料外的狀況。

星期三早上，我固定七點五十分從嘉義市出發，在九點前抵達山裡的醫療站開始看診。

穿過幾十公尺長，彎如上弦月的中埔鄉沄水村的主要街道，兩旁緊鄰的各式商店維持著基本的營生，這裡是幾十年前大埔鄉民下山後交換與採買物資的第一站。

緊接著穿越橫跨沄水溪的水泥橋後，右手邊是有兩條河流環抱的林業實驗研究中心，在民國前一年由臺灣總督府設置，園區內進行柚木、鐵刀木和橡膠樹的造林試驗。往上一個大約百公尺的陡坡，在Y字型的叉路處，右邊可以到關子嶺，我則左轉繼續走臺三線。內山公路、沄密戰道，指的是同一段路。

持續上升十二公里後，來到阿婆彎分水嶺前，海拔八百多公尺，再往前一小段路來到海拔九百多公尺，宣告爬坡路段結束。接著，下滑十幾分鐘，一個大出彎，與分水嶺落差超過五百公尺的曾文水庫毫無掩飾地現身。

總想著，也許我算不上有智慧的人，但古人說仁者樂山、智者樂水，至少，我懂得要接近山與水。

在醫療站診間內、外的長輩隨時都能來一場「同學會」。平時忙著工作、顧孫的大家，來這裡可以和老友們拉開嗓子，回憶過往的生活、交通、營生，聽多了，我也耳熟能詳。

唐山先民渡過黑水溝落地臺灣後，選擇走進大埔的群山間，看中的也許是這裡的遺世獨立，又不乏維持生計的資源。而其中有許多是客家裔，想必在匹夫的勇敢中，更有硬頸精神驅使。

二次世界大戰後期，占領臺灣的日本政府為防止縱貫南北的公路被美軍頻繁的轟炸而中斷，開闢沄水到楠西的戰備道路，當路完成了，也接近日本投降的終戰階段，原本簡易的道路因著缺乏維護，大埔人又回到山徑往返的過往。

已七十出頭的鳳為，也曾有過出入山區的辛苦時光，想到漫無止盡的山路就覺得雙腿發軟。

運送農產不容易，有病痛非得下山就醫時，更為難。民國五十八年，儘管陸軍工兵再次開挖貫穿戰備道路，但狹窄的石頭路面，要熬到配合曾文水庫觀光需求才得以進行路面拓寬，並有了柏油路。

那時，已來到民國七十四年。這一年裡，玉山國家公園成立、南迴鐵路卑南到知本站通車、書寫《送報伕》的作家楊逵、民主運動先驅郭雨新相繼辭世、作家龍應台《野火集》出版、臺北世貿啟用、經濟部長因十信弊案請辭。八十年代的臺灣經濟快速起飛，成為亞洲四小龍之一。

大埔鄉民受曾文水庫淹沒良田的苦，卻也因此獲得一條聯外道路，讓回家更近些，但公路容易坍方而中斷的體質，還是得看老天的臉色。

「葉醫師，現在山上正下大雨，很怕路上坍方，你還是不要上來，比較安全。」有幾次，鳳為打電話給我，焦急的叮嚀著。大家在醫療站裡等，但都希望葉醫師別上山。愈是如此，我的心底更會湧上別放棄的聲音。

他們已經等了一週、兩週，有些人好不容易等到農產季節結束準備「進廠」維修，我如果不上山，他們沒法針灸，甚至中藥也吃空了，得再難過七天。

幾千個日子以來，歲月不曾停步，我也見證內山公路、山城大埔的變與不變。

持續變化的是，許多路段因為風災、雨災而位移幾十到上百公尺，甚或消失，新路面變得起起伏伏。往來的汽車變少，取而代之的是不時呼嘯而過的重型機車，以及在分水嶺旁雜貨店老闆娘的一罵，讓原本無奇的彎道成為朝聖景點「阿婆彎」。還有，不知何時掛上的西拉雅風景區招牌。

而不變的是一年四季裡難料的風雨造成道路坍方，一定有某個路段因修復工程而維持單線通車。午後大雨和濃霧，讓行車撲朔迷離。辛苦的營生與伴隨而來的病苦依然不易改變，還有個每週開車上山看診的我。

每週開車上山？

除了在我上山第六個年頭時，臺灣遭逢的那場劇烈颱風以外。在那之前，即使颱風天、豪雨天，或是道路坍方，只要路不斷、能搶通，我依然努力試著開過泥濘與濁水前行，這可是自己換掉四輛車，仍堅持買高底盤車款的務實考量。

二〇〇九年，莫拉克颱風登陸那天，我正在臺北教授太極拳的課程，結束後到臺北火車站，雖然買了票，卻連高鐵的月臺都擠不上去，結果只能目睹原本想搭乘的列車開出站，接著，高鐵宣布因風雨太大停駛。

我開始跟著人潮往臺鐵走，總算幸運地搭上往嘉義的自強號，開始祈禱風雨不會阻斷鐵軌。

颱風從八月七日凌晨三點逐漸進入臺灣東部陸地，到晚上十一點時在花蓮市登陸。緩慢的移動速度，加上周邊環境挹注的豐沛水氣，助長颱風在長達五天的時間中肆虐各地，降雨的中心則在嘉義和高屏的山區。氣象報告說阿里山的總累積雨量高達三千毫米，屏東家裡附近的三地門也累積近三千毫米的雨量，超過臺灣的年平均降雨量兩千五百毫米。

風災中有六百七十餘人往生、失蹤二十二人、重傷四人，農業損失一百九十四億，還有山區柔腸寸斷的道路。

我打電話到醫療站、品妃家裡。還好，電話是通的。山上已成為「孤島」，幸好醫療站裡有醫師能即時處理鄉民的症狀。

三個星期的漫長等待後，還是等不到從北邊進入大埔。我先開車到臺南楠西的斷橋處，下車後穿上雨鞋，把藥箱扛上肩，步步維艱地踏過河床上遭颱風肆虐後的泥濘與亂石。等在另一頭鄉民的車沒熄火，我一上車就往醫療站飛馳而去。

沿途還有整理家園的鄉民。在門診時看到大家都平安，心頭大石總算落下。

「葉醫師，能再看到你實在太好了。」鳳為說。

「我只能在山下窮著急，好在大家都平安。」

「因為颱風，葉醫師沒辦法上山，覺得好難過。幸好老天爺保佑。」

「難怪古人講一日不見如隔三秋，以前就算颳風下雨也要想辦法上山。想不到一場颱風就拖了三個禮拜上不來。」

隔週，我嘗試從平常開的路線挺進大埔。路，確實通了，但有三分之二以上的路段都遭受破壞，大量土石堆積。上山幾公里來到中崙溫泉的隧道前，一片泥濘，左邊的中崙溪河床被沖刷而下的土石整個墊高起來，我跟著施工路段的交通引導開離熟悉的路面，進入河床上開闢的便道。

河床高起來？

我心裡浮現不祥的預感。沒多久，就看到在公路下方的中崙國小幾近消失，只能從學校紅土操場旁只剩半截的樹、土石堆露出的二樓建築來確認，再也看不到學生追逐的身影。

接下來的考驗才開始。

原本翠綠的公路邊坡，有大半裸露著土石的肌理。推土機在大量堆積的土礫中，吃力地清理出臨時路面。說是路，也許更像是土溝，我得開啟四輪驅動模式，在輪胎與泥土接觸發出的嘩嘩聲中，緩緩前行。

龜步中，總算離開這一處颱風中重創的路段。我把車暫停在路邊的草地上，拿起手機想記錄。

當關上車門、回頭望時，發現才開過的地方，輪胎之外就是幾十公尺深的山谷，滿布不時掉落的土石，我強迫自己不再往下想。

不論如何，總算來到醫療站，看到大家擔心中又歡喜的眼神。

「葉醫師，你回去要開慢一點！」

大家看完診就會叮嚀幾句。

「葉醫師，你到家了沒？」

在回家的路上會接到關心的電話。也許，這些正是激發我心裡的動力，若不是家人，誰會這麼關心呢。而這是經過這麼多年後，始終沒變的人情味。

內山公路對我來說，是條分辨不出起點、終點的跑道，像個圓，循環不息。上千次獨自上山的日子以來，我並不覺得孤單，除了讓我有意外多出的時間去思索自己的、病人的問題；更因為陸續有和我一樣在這條路上奔馳、有志一同的夥伴接續前來。

有他們，讓山上的病人有盼望、可依靠。

醫師、護理、復健師，我們總從不同的地方、時間上路，但始終交會在大埔醫療站。

雅如

「唉呦，妳跑這麼遠，要約會好難喔。」

「還好啦，你不覺得這邊空氣很好，大家都像是朋友。」醫療站裡年輕的護理師雅如，對著男友說。

「那倒是。我真佩服妳。可是如果在嘉義市或大林上班，忙完一天後還可以逛街、去ＫＴＶ唱歌。」

「拜託，誰沒事會每天去唱歌。」

「妳假日還要騎山路去看病人，我連開車都嫌遠，那山路彎彎曲曲又窄，不覺得危險嗎？」

「吼，你真的很沒膽欸。」

「唉呦，是妳膽子太大吧。」

雅如一臉輕鬆地消遣著，讓開車帶她在山上家訪醫療個案大半天的男友，生氣也不是、笑也不是。看一個病人包括來回、換藥、換管子就要花上一兩個小時，尤其個案的住家常得經過九彎十八拐，有時路面只能容納一輛車勉強經過，男友習慣了市區又寬又快的道路，也難怪車開得膽顫心驚。平常則是她和另一位常駐的護理夥伴淑華騎摩托車去。

幾個月前休假回家時，長輩幫忙安排相親，她覺得這男生帥氣，也不難聊，就開始遠距離的交往。但男友始終不能理解大埔到底有什麼魅力，能讓一個護校畢業沒多久的小女生樂此不疲。

「無，無效啦，還沒燒就欲走！」

多年前在我參與北極殿義診時，曾隨口問鄉民關於醫院認養大埔的事。結果阿伯的反應很直接。

現在回想起來，承諾用說的並不難，但想維持醫療站全年無休，可不能太天真。首先，需要找到願意長期待在山上、下班後得待命急診情況與忍受無聊生活的醫師；此外，護理人力、醫療物資補給、看診、檢查與領藥相關的資訊系統、各項設備的維修，缺哪一環都可能面臨服務停擺危機。

會在山上待多久？雅如心裡沒答案。

至少，因為山上什麼都不方便，倒逼得自己去學很多不一樣的東西，可不像在醫院裡有分工完整的部門幫忙。

醫療站在開幕前，幸運地遇上資深的內科林醫師，他有家人的支持而決定上山服務。醫院的護理部則調派兩位固定的護理人員，維持基本的運作。但總得讓同仁有放假的時候。

在病房服務的雅如，從護校畢業進入第二年，年輕又未婚，自然成為被詢問上山代班一週的適當人選。而她一口答應沒讓主管失望。

就在上山代班一週後，她回到嘉義市的家裡享受母親慰勞的美味料理，並試著說明自己的下一步。

這孩子是不是被洗腦？怎麼上山一個禮拜就像變了個人？母親無法置信眼前的孩子到底發生什麼事。

「欸，妳說真的還假的啦！去一個禮拜還不夠，為什麼要上去久一點？」

「沒啦，就想換個不一樣的工作，應該會有和醫院不一樣的體驗吧。」

「哪有人這樣？妳還那麼年輕，山上那麼遠，應該什麼都沒有吧。」

「媽，不會喔，大埔有山有水，風景很美，假日有很多遊客來。」

「人家是去玩，怎麼會一樣。那麼遠，都是山路，不安全啦。」

「想太多！那裡可不像市區有好多醫院、診所，我在那邊可以幫阿公阿嬤服務，我覺得很好。」

一個禮拜後，她向護理部申請到大埔醫療站。旁人問她有受到什麼打擊嗎？

「妳下班回宿舍，燙個麵就可以配著吃，不然，妳又不會煮。」媽媽沒再多勸什麼，還不了解自己生的女兒嗎？在雅如上山的行李中，多了一包包冷凍的水餃、雞湯、滷肉。

早上七點多，陽光爬上馬頭山，這座山城被染上一層淺黃。雅如和淑華已經吃完早餐，共乘機車來到醫療站，開門、掃地、整理櫃檯。八點整，平時勞動習慣早起的鄉民，已排上一長串準備要掛號。

來山上一年多，個頭不高的雅如晒黑了一圈，防曬乳似乎對山上惡毒的陽光不太管用。

她像鄰家青春洋溢又可愛的女孩般，一雙會說話的大眼睛，嘴巴甜得像大埔盛產的百香果、木瓜、楊桃，瞬間就擄獲長輩的心，大家都喜歡和她聊上幾句。

千萬別被雅如可愛的外表影響。她根本是全能水電王，從架設診間外的叫號燈、更換燈泡、印表機罷工的維修，都自己動手。她就是對電燈不亮這類的情況看不過去，要叫修又曠日廢時，乾脆自己上陣。

「阿姨，我們宿舍門口的竹筍排骨湯，是不是妳放的？」

「唉呦，怎麼人漂亮，也那麼聰明。」

「歹勢啦！這樣真的不好意思。不過，妳後悔也來不及，我們昨天吃了一頓大餐。」

「沒什麼菜，別嫌棄就好。」

「不會喔，和我媽媽煮的味道好像唷。」

「真的好吃嗎？妳們那麼忙，應該的啦。如果不是妳們來，我們生病還要下山，那才是一個頭兩個大。」

雅如發現疑似送菜的鄉民，一問就命中。昨晚竹筍湯那股清甜味彷彿還留在味蕾。她以為只有媽媽才煮得出這味道。其實，還有更多不確定的人，門口常放著煮熟的玉米，她和淑華騎的摩托車手把上掛上滿滿的青菜、水果。

即使現在醫療站全年無休，但被水庫阻隔的村落、上下起伏蜿蜒不盡的山路，要來一趟看診還是有些辛苦。

之前，有位老人家拖著受傷的雙腳，獨自走六公里的路來到醫療站找我看診。兩小時夠讓我從嘉義開車回屏東老家還綽綽有餘。

一九九五年之前，就算只有水上鄉衛生所的醫師每週上山來看診一天，杯水車薪也好過於沒有。當最後一位衛生所主任兼醫師退休後，大埔成了無醫鄉。比對現在的醫療服務，辛苦營生的鄉民把醫師、護士像家人般放在心裡，三不五時的送來剛採收的水果、蔬菜，甚至貼心烹飪好，就怕醫護在山上不方便。那份直爽的心意，讓大家吃來格外甘甜。

雅如和淑華忙著招呼鄉民時，在這裡另外租屋的林醫師，端坐在領藥櫃檯旁左手邊的西醫診間等候病人。不多話，對鄉民是一個不變、安心的存在。遇上要放假下山時，醫院會有支援的醫師上山來。

林醫師是位內科醫師，對於感冒、腸胃不適這類內科問題處理起來得心應手，但鄉民以務農維生，尤其遇上一年幾個月的竹筍採收季節時，難免有被利刃割傷，甚至被野豬、野狗、毒蛇、野蜂攻擊的意外，林醫師不只看病、開藥，他和護理夥伴聯手對付各種疑難雜症，打破傷風針、縫合傷口更是家常便飯。

有時，才吃完晚飯，更常是在萬籟俱寂時刻，醫療站的急診鈴大肆響起，雅如和林醫師在幾分鐘內趕到。原來是幫忙兒子帶孫的阿嬤擔心小孩發燒，林醫師幫忙診斷給了退燒藥。如果有需要，明天再下山找小兒科。

每個月總有幾次，他們在醫療站迎向警笛方歇，仍閃著紅光的救護車。

擔架上躺著騎車犁田的騎士正痛苦呻吟。車變少的臺三線，成為重型機車練車的勝地。尤其在假日時，騎士們半夜裡在山路上，不小心過彎摔倒，車壞了，人也奄奄一息，醫療站有了意料之外的功能。

雅如協助林醫師幫意識不清的騎士做插管、給氧、打上點滴的緊急處置，讓消防隊的救護車送下山的過程中，保有一線生機。

當大家七手八腳忙完，目送救護車離開後，鄉治區裡只剩滿天星子和偶而的狗吠聲，林醫師開著車跟在雅如和淑華雙載的摩托車後，他用車頭燈打亮沒有路燈的漆黑街道，一路護送到宿舍門口為止。其實，到宿舍只要兩三分鐘就到了。

他就像一位父親。常邀請護理同仁、上山巡診的醫師，由林媽媽煮一桌的好料招待大家。

熱鬧的醫療站在接近中午時，紅色的門診燈號不再變化，幾位鄉民等著批價、領藥。上午除了門診，還有與大林慈濟醫院聯手的視訊醫療。院長林俊龍是心臟內科醫師，常親自上陣和林醫師一起為鄉民看診，有時也會安排新陳代謝科醫師參與。

送走最後一位病人後，雅如還不一定能休息。

有時，在水庫對岸永樂村的阿公打電話來說沒藥了，腳沒力又不方便出門，另有幾個長輩也希望能幫忙送藥。

醫療站位於大埔村，旁邊還有和平村、茄苳村，一水之隔的對岸則是永樂和西興村，雅如帶著醫師開好的慢性病用藥，騎車到水庫邊搭交通船，遠遠地就看到阿公在岸邊等著。

十分鐘後，雅如下船，耐心地交代阿公要規律吃藥。然後又跳上交通船回航，等待下午兩點開診。

醫療站是個有機體，在這裡能做的、可以做的，都遠超過護理學校所教的。像是，把自己當成里長的概念。

「阿公，為啥米你隔壁的阿伯今日無同齊來？」

「這站仔水果欲收了，無的確去果園。」

「我等一下拍電話問，會記得愛準時來看病，身軀才會好。」

雅如一發現有病人沒照時間來看病，問著阿公。不知道是否認人、記事如神，她把每個病人生什麼病、多久要看診、住哪裡、家裡有哪些人、每月誰該來回診都瞭若指掌。

長輩不想吃藥怎麼辦？

雅如為他們做血糖、血壓的衛教。當看完醫師的門診領藥時，即時回答他們的疑問，總是有人願意囉嗦自己，也讓長輩們比較願意乖乖吃藥。

有的長輩得下山看病，但想到公車一天也沒幾班，而等小孩放假上山回來更麻煩，索性能拖就拖。雅如和淑慧把腦筋動到載送醫護上下山的交通車上。牙醫週四上山，隔天回去；復健科、治療師週三來，週四回大林慈濟。

雅如和大林慈濟醫院的服務臺同仁合作，幫阿公、阿嬤排就醫行程。掛號、幾點坐車下山、幾點回大埔，他們再也沒有不看病的藉口。

光想有醫師在大埔，就替鄉民覺得安心。雅如這麼覺得。鄉民看病拿藥很方便，加上規律服藥，健康都變好了。

週日午後四點多，雅如在宿舍接到從醫療站自動轉接的電話。聽筒另一頭傳來無助的口氣。她秒從慵懶的休息狀態轉換成戰鬥模式。

「醫療站嗎，我先生的尿管好像又塞住了，會不會爆掉，怎麼辦才好？」

「阿姨妳先不要急，大哥他今天尿了多少？」

「今天吃飯、喝水都沒有減，可是整天到現在只尿一點點，大概，一百西西而已。」

「嗯，尿管的洞很小，可能真的塞住了。阿姨，妳別急，現在妳去幫我壓大哥的肚子，有沒有脹脹的？我馬上過去。」

在一次車禍中，這位大哥從頸部以下癱瘓。因為臥床的時間很長，膀胱中的沉澱物結晶容易塞住輸尿管。雅如之前家訪時叮嚀過，大哥對排尿不會有太大的感覺，如果堵塞嚴重的話，可是會造成感染和腎臟的損害，甚至威脅生命，有問題就打電話。

阿姨總是盡心陪著心情難得放晴的先生，幫他翻身，估算著每小時的排尿量。雅如提起醫療箱，裡面有處理尿管阻塞的生理食鹽水、針頭。淑華則拿起桌上的摩托車鑰匙，兩個人默契十足的出門。

與高雄、臺南交界的大埔，像法國的四方形。從東北往西南延伸的水庫則狹長如帶，像義大利的長靴，比日月潭大上三分之一。個案的家在大埔橋的另一頭。

雅如從宿舍出發，先往北騎五分鐘到大埔橋，沉甸甸的綠色水面不時現身在左側。雖然沒有秀姑巒溪上的長虹橋，或大漢溪上的羅浮橋、復興橋有名，但橫跨曾文溪的大埔橋同屬沒有橋墩的拱橋，像天空中一道彩虹，橋下則是深達七十公尺，讓溪水切割而成的峽谷地貌。

穿越一百三十公尺長的橋，左轉後開始順著山路左彎右拐。順著清亮「呼幽」鳴叫，雅如抬頭仰望藍天，兩隻大冠鷲一高一低地繞圓盤旋，彷彿能看到牠們俯視地面獵物的銳利眼神。

繼續騎二十多分鐘山路，抵達大哥家後，雅如和淑華熟門熟路的引著醫師走進老房子的前庭，進到祀奉神明與祖先右邊的房間裡，開始為大哥檢查，試著通順尿管阻塞。

在雅如需要值班的週末假日裡，不管什麼時候電話響了，她試著掌握情況後就準備動身。

一天裡得跑好幾處個案家裡，而每一處可能相去半個小時的車程。有時可以自己處理像是通尿管、幫傷口換藥的事。必要時也會帶假日值班的醫師，到行動不便的阿公、阿嬤家往診。醫師看診後回到醫療站開藥，由雅如或淑華再跑一趟到個案家裡送藥。

當鳳為說吟淑能到現在都是因為我的治療，我曾開玩笑說，如果吟淑只吃我的藥，早就餓死了。

那次，吟淑又因為喝酒癱在家裡，鳳為跑來醫療站求救。雅如幫忙準備好往診的物品，在中午休息的空檔去家裡看吟淑。把脈、針灸後，我得先回醫療站。

「雅如，等一下我回醫療站開藥，不好意思，再請妳把藥送來。」

「沒問題！」

吟淑心情不好、喝酒，但最辛苦的還是照顧她的媽媽。雅如遇到母女倆來看診時，總會陪著聊聊天。她告訴吟淑不要喝酒，否則常抽筋，真的很不舒服。

「葉醫師，大家都很好奇欸，你怎麼有辦法每個禮拜上來，太誇張了。」

「妳也看到這裡的情況，大部分民眾都做農，痠痛難免，又對中藥比較能接受，大概覺得吃中藥不會傷胃吧，就這樣讓我有理由待在這裡啦。」

「話是沒錯，但你們也可以像護理人員，輪流上來服務呀。」

「那妳不也選擇長期留在大埔，晒得這麼黑。」

「唉呦，這邊是山上嘛，太陽超大的。」

「我覺得妳也好厲害，護理以外的工作全包下來，連診間外的叫號燈都能生出來，還裝好線路、開關。」

雅如和淑華兩個外向、愛笑的女生，應該是最能享受大埔生活的。平時聯手打理醫療站的護理工作，遇到有同仁上來支援的假日時，就在山上四處探險，從有路走到沒路。有時因發現私房美景而驚喜，也常因無路可走失望而歸。

她們像隨風飛舞的種子，碰巧在相同的時刻落在大埔，但什麼時候風起了，將吹向各自不同的方向去。淑華上山一年多後，終於決定要下山展開下一段旅程。

她們相約好這次休假要一探未成行過的白馬亭，來大埔一年多都只是遠遠地看著。

倆人共乘一輛上了年紀，卻未曾罷工過的摩托車。在鄉民指點下，從自來水廠旁的產業道路奮力往上，十幾分鐘後，來到一段超級陡坡，車子發出痛苦的哀鳴，再也無力向前。淑華扶著手把控制方向，雅如則在後方推著。曲折的路面上滿布著細碎的砂石，頂著陽光、咬著牙，一步步賣力地推車向上。

「耶！曾文水庫！」她們興奮地呼喊著。天知道過多久時間，終於來到海拔七百五十公尺的大坑山頂，整個大埔的風光盡在腳下。

「真可惜！」

「怎麼了嗎？」雅如問。

「可惜白馬亭中沒有白馬王子。」

「吼，也是啦。鄉裡都是阿公、阿伯級的，年輕人都跑到外地工作。」

兩個人併著肩，喝起早上準備的飲料。風一陣陣的掠過臉頰，有種暢快的涼爽，把上山的狼狽一掃而空。

「淑華妳快看左邊，那裡應該是醫療站吧。」

「嗯，好像迷你版的樂高積木，很有成就感。」

「曾文水庫像條深藍色的絲巾，隨意地飄落。右邊應該是我們坐交通船送藥給阿公的永樂村，後面最高像粽子的，一定是馬頭山。」

「就是我們上、下山會經過的分水嶺那邊。」

「好可惜喔，我們真的要『分手』了。」

「唉呦，這樣也太感傷了。」

「淑華，妳下山後想做什麼？」

「我呢，想要當糖尿病個管師。反正就是讀書、考證照，後來，當然就是嫁人囉。」

「那妳呢？」淑華反過來問著。

雅如有點不知所措的笑了起來，好像真沒認真想過呢。在山上生活很規律，每天想的就是阿公、阿嬤。接到電話就能去幫忙，為此讓自己感到快樂。

「到時候如果被男朋友逼婚，非得下山不可時，我希望能像山上一樣，找到能繼續照顧老人家的地方。」

華龍

「華龍老師。」

一頭梳得柔順、旁分又亮黑的髮絲，套上半長的白袍，他是來自大林慈濟醫院的物理治療師，鄉民都這麼稱呼他。

春末接近夏日的傍晚，在大林慈濟醫院對面運動公園的籃球場中，華龍壓低身子，連續幾個胯下運球，一個眼神上揚的瞬間、突而往右切的連續假動作，晃得對手失去重心，他把握防守者來不及回神的空檔，順勢往左切入到籃框下，球移轉回右手，起跳，一個勾射打板，球在籃框上轉了兩圈。

球還沒落地，場邊報隊三對三的球友已響起掌聲。

剛從大學畢業幾年，華龍每天下班後就往籃球場報到，和檢驗科的同仁、一旁國宅的住戶，三對三鬥牛。彷彿有用不完的氣力。

因為上山支援復健服務的學姐離職，年輕氣盛像顆炙熱太陽的華龍，欣然接下每週的物理治療任務。

醫療站裡的復健治療、社區的長照、大埔國小的特教，只要和復健相關事務全包在他身上。而堅持幫鄉民仔細評估失能程度，再進行徒手治療的他，一口道地的臺語、愛笑、有問必答、有求必應的特質，加上治療時充沛的能量，瞬間擄獲伯父、伯母的心。

至於我和華龍則是不「尬」不相識。

在喜歡開車的人眼中，臺三線浯水到大埔路段因為來往車輛少，成為一條能滿足快意奔馳、實現想像的隱藏版賽道。我早熟悉每個彎道、路面起伏，輕易在油門與煞車間快速拿捏反應，過彎、出彎，然後換來風馳電掣的快感以及征服道路的莫名喜悅。

那天是物理治療老師離職後的週三，聽說會有新人來。

當我已經從分水嶺的永興開始下滑，維持著六十到七十公里的速度。當前方出現灰色的車影，我下意識踩重些油門，接近到可以發動超車的距離時，突然，這臺引擎僅有一千三百西西的 TOYOTA Tercel 也飆悍起來，我開的可是更大馬力的 FORD Escape。

結果，我只能一路跟著 Tercel 的軌跡，直到右轉穿越大埔橋後不久的直線路段，終於重踩油門一口氣超越它。

經過加油站再往前幾百公尺，右轉後一個大下坡，四層樓高的醫療站就在左手邊，道路兩旁已停著摩托車、電動代步車、小貨車。我停在醫療站樓梯旁公務車最右邊的老位子上，下車從後座抱起整箱的中藥準備上樓，一抬頭就看到剛才被我超過的車子，車旁的人穿著醫技的短版白袍，揹著一大袋東西。

「你是接替皓儀的復健老師？」

「沒錯，我是黃華龍，你是葉醫師嘛，我在醫院就知道。」

「哈，真不好意思超你的車，竟然是同事，你也開很快喔。」

「沒問題！我不知道你要超我。其實，平常都是我超人家車，倒是很驚訝怎麼有車超過我，哈。」

像是火車軌道的兩側，我和華龍在醫療站裡不同的地方，看似沒交集，卻也在各自努力中一起撐起鄉民的病痛課題。

醫療站的復健時間從週三的下午兩點開始，然後是隔天的上午。早上來看我門診的人，回家吃過午飯後，下午再來給復健老師喬一下；而下午來看門診的，則是利用空檔做復健。診間外的復健治療區裡總是坐著、躺著，難得有空席，華龍手腳敏捷地穿梭其間。

「按怎可能毋免做？」阿伯皺著眉說。華龍正按壓肌肉的痛點，他仍勉強發出支離的字句。

「那你欲做多少、算多少！錢愛賺，手亦愛保護。」

阿伯在山裡鑽了幾十年，搬運收成的水果、竹筍的重物外，清理園子時拿刀子砍伐雜木和枯枝是家常便飯。他的前臂因為拿刀負擔重，過度使用下造成肌腱炎、網球軸。這症狀在從事撕筍子、剝破布子的鄉民身上也看得到，屬於手部比較精細、重複的動作，日積月累而造成。

從一個物理治療老師的角度，鄉民的問題不外是膝關節退化、腰椎或頸椎骨刺、椎間盤突出、肌腱炎，至於發生的原因，大家在我們經常性的說明、嘮叨後大概也倒背如流。

他們得走山路、爬坡、採收水果和竹筍；因為需要彎腰、搬重，自然造成許多退化性的疾病。的確，大半都上了年紀，卻都是因為工作過量而提早退化，尤其為了生活還仍得繼續做，也不知要如何保養。

「會記得是愛盡量減少較粗重的量，抑是間斷做，上好是莫做啦。」勸鄉民停工，真的很難，我們碰到相同的問題。

他們畢竟不像山下的病人可以每天報到，華龍打定主意，要盡量給衛教的觀念、回家該怎麼做運動。

華龍在治療區幫膝關節退化的伯母放鬆大腿的筋膜，減少膝蓋軟組織的摩擦疼痛，然後讓膝蓋伸展到比較接近正常、功能性的角度。治療的尾聲，他教導回家後如何做膝關節周邊的肌力訓練，可以增加膝蓋的穩定性。

「妳返去會當按呢趴著，摸甲（拉到）大腿頭前的筋肉，會曉嗎？記得盡量少跕下、毋通爬高爬低。」

「老師，聽說爬山會增加肌力，對我的跤頭趺痛有幫助無？」

「袂當啦！爬山的好處是會當練肌力，但嘛會磨損關節，妳毋通借著機會跑去山頂做工。」

「愛按怎做較好？」

「妳佇厝躺著，把跤頭趺伸直抬腿，抑是腿頭抬高，嘛會當佇跤上縛沙包踢腿，毋免彎跤頭趺，共款能練肌力。」

熱敷、電療、牽引、超音波，治療區裡的復健設備一應俱全，但華龍不愛只依照醫師開的醫令。難道把病人安放到復健設備上、等時間到了再回復原狀，就能大功告成？

復健科醫師診斷出疾病，而他會評估病人的失能情況，再靠手腳並用的徒手治療來幫病人緩解、改善問題。

出外不易的長輩們不想輕易麻煩年輕人，有病痛往往就拖著，拖到更難以收拾、受更多的折騰。華龍想，試著去思考他們真正的需要，才有機會帶來改變吧。

看到長輩笑著走出醫療站，華龍甩甩發痠的手，繼續做下一床病人。

老師只有一個人呀。

來醫療站復健的人多時，鄉民會耐心的等著，彼此聊聊天，很好打發時間。其實，在山上常容易讓人有時間停止的錯覺，只有從逐年老邁的面容中察覺歲月的流轉。當復健告一段落，有人幫忙把熱敷的毛巾回收到汙物袋，有的則會熟練的收器材，盡可能地減輕華龍的負擔。

「老師來呀，坐一下歇息，菜馬上好。」

「歹勢歹勢，麥趕啦，逐擺攏愛來勞煩恁。」

炒竹筍、不知名的山菜，刻劃著時間印記的圓形木頭桌面上還有溪魚、土雞的料理，香味隨著熱氣在屋裡飄散，滿溢在鼻腔中。這對住在往茶山路邊的阿伯、阿姆，晚餐桌上常有讓華龍意外的菜色，就看阿伯的手氣如何。溪裡的鱸鰻，或是，在林仔裡獵到的山羌、野豬。飯後則是院子裡種的水果。筍子、香蕉、蓮霧、葡萄柚、百香果、木瓜，華龍只需從治療區辦公桌上堆放的水果、農產，就能知道大埔當季的物產，或哪一村的那位長輩又拿東西來了。他們園子裡有什麼收成，就想在到醫療站復健時順手帶來。至於，盛情邀約晚餐的東道主夫妻，阿伯開著搬運車，阿姆坐在後車斗相伴來醫療站看中醫、做復健。

「暗時若是無代誌，來家裡吃個便飯。」

阿伯在華龍一來大埔時就開口邀他。老師正愁長夜漫漫，順口就說那有什麼問題。沒料到，下班後的餐會成了每週固定的行程，兩年來未曾間斷。

趁著日光未褪盡，下診的華龍發動車子開上臺三線，幾分鐘後抵達大埔橋，在暮色中像條沉睡的巨龍。

接著右轉，他毫不猶豫地重踩油門爬上一個長陡坡，接著左彎右繞的幾分鐘後，會看到路邊幾座相鄰的三合院，屋頂上用紅磚砌成的煙囪有白煙緩緩升起，逐漸融入夜色裡。他停下車，屋前的一小塊空地種著夠老夫婦倆吃的菜，房舍後是終年流水不斷的河谷。同樣這條路，再往前些會先到品妃家。她是診間內外的「管家」。而「黑糖師父」王國興的家則更遠些，那裡已從大埔鄉變成阿里山鄉。他有僵直性脊椎炎，加上心臟、腸胃都不好，在耗費大量氣力的農務中更添辛苦。路走到底，會與阿里山公路交會。

提到王國興，他不常來看診，有來則都和太太一起，山上的農活依著季節轉換，如果勤勞點就很難有休息的時候。明明是大量勞動的農人，但一頭略長白髮、身材瘦長的他和打扮入時的另一半，講起話來輕聲細語，待人客客氣氣。

有回我和品妃抱怨著。在屏東老家種甘蔗想做黑糖，興沖沖煮了一大鍋約有三十公升的甘蔗汁，結果，只得到一堆黏呼呼的糖膠。品妃難得笑出聲，說要帶我去找王國興請教。原來，他在山上種了一甲多的白甘蔗，而甘蔗成熟的製糖日通常落在農曆年前，或之後。

製糖日來到時，他們一家人從早上三點多摸黑，頂著冬日的寒風砍甘蔗、清洗、榨汁，這只是製糖的起手式。接下來，煮甘蔗汁才是考驗功夫、見真章的時候，王國興在裝滿甜汁的沸騰大鍋裡，要拿大棍子不斷地攪拌、曝氣長達兩個小時以上。

在水面蒸散的白煙與他額頭冒出豆大汗珠中，湯汁慢慢濃縮成塊。王國興把鎮日勞動的成果移到戶外做日光浴，最後切塊、裝盒，才完成了上得了檯面的黑糖塊。

「你應該是少了攪拌的動作，那可是一秒鐘都不能偷懶。」

「原來如此。」

「都是勞力活，賺個溫飽。」

「要披星戴月忙上一整天，看來我還是用買的比較實在。」

「你們做醫師的太忙了，可別跟我們搶工作呀。」

「怎麼可能！不過，我們中醫有複方的概念，你可以試試在黑糖中裡加點中藥，也許能做出和別人不一樣的，說不定比較好賣。」

後來，在新的黑糖上市前，王國興特別拿來醫療站讓我試試味道。除了梅子口味的讓人難以接受，其他的生薑黑糖、香草黑糖、薑黃黑糖，那味道都能讓人瞇起眼細細品味，甘之如飴。

其實，不論綠皮、紅皮的甘蔗都有豐富又甜的汁液，是補腸胃道水分的好東西，工作很累時喝一杯能生津止渴，不會有只喝白開水讓人頭腦發脹的後果。

「阿伯，你們在山上怎麼過生活養家？阿姆，發粿要怎麼做？較早山頂沒無路無橋的時陣按怎過日？」

華龍從一開始造訪老夫婦時，就懂得問些自己也好奇的問題，逗長輩開心。主要是陪他們說說話，不然兩老結婚幾十年，做農、吃飯，一天到尾恐怕講不到幾句話，而子孫逢年過節才回山上。

一桌的菜，濃淡各異的香味，交錯成華龍異地遊子的鄉愁。

先輩上山討生活，讓在這裡出生的阿伯沒得選擇。小時候只有羊腸般的山徑可走，過溪要坐流籠，有人到山裡工作遇到大雨後的洪水，讓斷掉的大樹壓傷後截肢，有人走在山邊，突然滑落幾十公尺深的溪谷，再也沒有氣息。

阿伯到街上經過喪事或是去捻香，那天的發粿就會做不成。

生活雖苦，只要肯做就有田可以犁。阿伯阿姆就地取材做龜鹿二仙膠、包肉粽、蒸發粿，把山上採來的新鮮筍子做脆筍、細嫩的筍尖切成細如麵條的筍麵，然後，裝滿一整臺農用的搬運車，慢慢地晃到大埔街上兜售，日復一日養活一大家子。「來醫療站復健毋夠喔，佇厝抉當貧惰，愛家己逐工運動才有效！」

「定定做農累甲袂記得，歹勢。」

「無要緊，明仔載來醫療站，捷捷做著會慣勢做。」

「真好，逐擺攏有你來陪阮講東講西，足歡喜。」

年紀大了，阿伯阿姆都是退化的問題。阿姆是膝關節和腰椎。阿伯有點駝背，幾年前開搬運車時翻覆，還把腳壓斷，但打斷手骨顛倒勇，華龍上山接替學姐後，也開始幫他們做復健。

「實在毋免行甲彼條路。」

「對呀，看開一點仔。」

「阮遮生活較艱苦，嘛無法度。」

「醫療站佇遮，加減幫逐家較好過。」

山上的人，有憂鬱問題的可不少。華龍問過阿伯，為什麼大家的臉上總是有種苦苦的感覺，鳳為也說看過親戚在廚房上吊，一輩子都忘不掉。有些人，似乎隨時都準備一死。以前新聞報導「千面人」下藥的那種氰化物，華龍知道有不少長輩的房間裡都準備了一顆。

在這沒什麼工作機會。老了，行動不便。身體病痛，想不開。小孩都不在，盼來盼去只能等過年過節。於是，想不開就吞一顆，掛了，什麼痛苦與委屈都消失了。

「來，這的菜帶轉去山下食！」

「多謝啦，我無食遮爾多，後擺毋通勞煩。」

「攏是一寡家己種的菜，毋是用買的。」

用充滿心意的一餐為忙碌竟日畫下句點。華龍叮嚀著明天到醫療站做復健，多注意路上安全。

隔天上午，陸續有民眾來做復健，多是看中醫的老病號。當物理治療區牆上掛鐘的時針逼近「12」，華龍提醒自己得加快些。在中午短暫的休息後，得趕到幾十公尺外的大埔國小。

週四午後，在大埔國小教室裡等待的是位五年級的男孩，癱軟型的腦性麻痺，不能自行走路，智力、理解能力都有問題。

男孩的媽媽期待能有些進展，希望他不要坐輪椅就像麻糬滑下去。只是，漫長的復健需要的耐心遠超乎想像。華龍試著讓男孩坐穩，先做肌力訓練；誘發他翻身，趁著身體轉動時幫忙拉腳。長時間反覆地練習後，現在他只要手動就能翻身。大埔對特教的需求少，只是，能期待的協助也同樣稀少。

華龍服務的原則很簡單，只要學生沒法來醫療站、車子能開得到的地方，他都會去。看完腦麻孩子後的下一站是茶山國小，有位過動的孩子因為神經傳導物質過度釋放，就是坐不住，一直想動。

評估孩子的下肢狀況比較差，動作、平衡協調性都受影響，華龍設計平衡與肌力訓練的菜單。

「來喔，雙腳併攏開合跳、青蛙跳；再來，蹲著、往前走；很棒喔，來，踩上來，好，往下跳！」

「十八、十九，跳最後一下，二十。好了，你可以休息一下，玩具給你。」

可不能讓孩子一直做到失去耐性，要適時讓他們玩樂後再往下走。這一天的陽光來到半空中，華龍收拾著，準備趕往最後兩站有長照需求的個案。還沒結婚的他難免想著，特教學生的成長過程有太多考驗在等著，至於陪伴的家長，要熬多少年才夠。

有時，鳳為下午沒工可作，會陪著華龍做居家服務。

吟淑和鳳為這對母女都是華龍的老病號，鳳為的小女兒曾對復健科系有興趣，請教過如何準備考試的事。有次，借酒消愁的吟淑吃不下、走不動，鳳為趕緊打一一九求救，消防隊的救護車剛到中埔，鳳為打電話給華龍求救。當救護車趕到大林慈濟醫院的急診入口，華龍已守在那裡。臉色蒼白的鳳為一下車就狂吐。到底是哪一位要掛急診？在門邊做檢傷分類的護理同仁納悶的問著。

在急診室的留觀區裡，華龍幫忙看顧著一臉虛脫、病厭厭的鳳為。我則幫吟淑推拿，紓緩緊繃的身軀。在身邊穿梭的同仁好奇這樣的組合。

只要華龍報上地址、甚至只說姓名，鳳為就能帶華龍順利抵達山裡任何一處的個案家。

膝蓋換過人工膝關節的阿嬤，微胖的身材，走路緩緩地。七十五歲了，要騎車來醫療站太難。華龍聊天配復健，逗得老人家呵呵笑個不停，任他處置。

中風臥床的阿公，華龍從翻身開始訓練，幾個月後可以坐、站，現在已經能靠助行器走路。還有換人工髖關節的阿嬤，要她有空就起來練走路；坐的時候可以用腳舉凳子練大腿肌力；在床上翻身時，可以用雙腳夾住枕頭。就地取材不用花上半毛錢。「阿姨妳萬萬毋通袂記，莫坐太低，莫予傷口爆開。」

也許，大埔的風土也有特別的魔力，把不認識的人黏得緊緊的。

幾年服務以來，與其他車輕微的擦撞、拋錨、水箱破裂都不期而遇過，反正兵來將擋，總有辦法解決的。水箱破了，華龍就到路邊的水溝裝水，撐到大埔修理。最慘的一次，他想超越一輛緩慢的農用搬運車，卻在來不及重回順向車道時，和對面的來車擦撞。

刺耳的警笛聲驟然打住，車頂上的燈號繼續閃爍，彷彿還有餘音在山谷裡迴盪。警察下車後露出了微笑。

「華龍老師是你喔，沒關係，你先去醫療站忙啦，筆錄喔，明天再來做。」

品妃

「葉醫師，可以用餐了。」

「謝謝，等我把這兩人的藥配完。」

品妃推開診間門，輕聲喚著。我瞄了眼手上的錶，快下午一點鐘。剛為最後一位病人上完針，我把診察桌上的鍵盤、滑鼠都移開，就著藥單上的品項，逐一用小勺子刮出中藥粉到電子秤上，微調到幾乎沒有誤差的重量，然後倒入病人的專屬藥罐。

就是物盡其用啦，撕去回收中藥瓶身上原本的藥材名稱貼紙，改貼上有紅色框的空白標籤，再寫上病人的姓名，一人一罐，可裝到能吃上一週到兩週的份量。

我們在醫療站裡相互補位，得把握任何小空檔，一人當兩人用。嘴裡濃郁的麻油香，伴隨著酸甜的層次變化！如果沒上山看診，哪吃得到這顏色難以形容的，不知是咖啡色還是？總之毫不起眼卻極其開胃的醬筍絲。

充當餐廳的是復健治療區旁的空間，我只需從診間走出來二十多步，就能坐下來享受一頓。桌面以形式各異環保容器裝盛的，都是品妃在上午診的尾聲中溜過來，將一早在家料理的菜餚再加熱。

這裡一週有幾次作為長照的C據點，鳳為這兩年會和年長的鄉民一起來玩，和過往那個以工作、賺錢為重心的她有天壤之別。

今天有高麗菜、酸筍、涼拌黃瓜、皇宮菜、滷豆干與香菇。在食物的餘溫中，我和品妃、護理師就著會議用的長條桌邊吃邊聊，享受醫療站難得安靜的時刻，等會休息幾分鐘，就要準備下午兩點開始的門診。

品妃會另外準備菜包、饅頭，或自製的蛋糕當下午的點心。偶爾，有位我們稱為大姐的病人會趁著來看診，帶樣拿手菜來加入我們的午餐。晚些時候，再帶壺自己手沖，熱騰騰的咖啡過來給我。

醫療站曾在街上的餐廳訂餐，讓大家下診後過去吃。隨著就診鄉民陸續增加，我常拖到一點多才看完診，覺得麻煩，也增加店家的困擾。當品妃受僱來醫療站幫忙後，她毫不猶豫地成為我專任的「大廚」。還有什麼比有人用心準備、能填飽肚子的山林美食更棒的好事呢。

「阿伯前幾天在家裡摔跤。阿姆中風後心情一直很糟。」品妃在診間裡幫忙接電話、掛號、整理藥材、幫病人拔針，掌握裡裡外外隨時可能的變化，讓我能專心看診、針灸，還能在看診中適時的提示我病人的情況。從外地嫁來大埔的品妃，幾乎認識所有來看診的人。住哪裡、家裡有哪些人、最近的狀況與病痛。

「楹梅今天來又有進步！」品妃說。準備午餐的她總是吃得最少，難怪都是瘦瘦的。

「對呀，剛來時還得『五花大綁』的固定在輪椅上，讓媽媽、姐姐推進診間。」我大口吃著。從六點多吃完早餐到現在，早餓了。

「還好有葉醫師。」

「其實，兩分靠醫師，八分靠自己！那是楹梅有股想要回到原來模樣的意念吧。」

意外發生的那天傍晚，在烏日貨運行做行政的楹梅休假，從彰化騎著摩托車往鹿港要找男朋友。在快速通過一個路口時，眼角的餘光瞄到左側有汽車疾駛而來。一場劇烈的撞擊後，她在加護病房中幸運地醒來，只是，無法言語，又半邊動彈不得，而記憶只能從讀國中以後，斷斷續續的。

她的左腦重創，剛開始和植物人差不多，還好家人不放棄。持續的復健，講話、吞嚥、吃東西都得從頭學起，就這麼一家醫院住一個月，輾轉流連一年後，回到大埔療養。

每段時間後總有返鄉的遊子，因著工傷、重大車禍這類的意外，使人生歸零。不過，至少還有故鄉不會背棄自己。而來到診間，彷彿是在被迫放棄又不想就範的掙扎中，再試試看吧這樣的心情中，長輩帶著落寞無助的子女來到診間。葉醫師，能不能幫幫忙。

對治楹梅的情況，除了中藥外，針扎對她的一些神經反應也很好。中醫調理一年多後，現在的她能拋開輪椅，努力踏著不想讓人察覺受過傷的步伐，早上先幫家裡挖薑，忙完後再自己騎三輪車來醫療站。至於講話，變快、也清楚多了。還會幫物理治療老師整理復健的用具。

這一切慢慢變好的關鍵，如果不是她渴望成為過原來的自己，誰也幫不上忙。

這裡就像某個尋常人家的餐桌般。午餐的時間頂多半小時，我們總是東聊西扯的，話題、音量都不受限制，就算放聲大笑，也會很快消失在空蕩的醫療站中。

「葉醫師，你還記得那位想要插隊先看，很兇的病人嗎？」

「知道呀，是鄉裡的『大哥』，對吧。反正，我也沒理他。」

「前幾天出事了，就在醫療站出去轉角的臺三線上。」

「怎麼了？」

「聽說他被山下的仇家堵到，直接被開槍。沒多久，他兒子趕來。仇家要兒子跪下道歉，可以饒他一命。」

「天呀，那後來呢？」

「那兒子說什麼也不願意跪下，還嗆仇家說『我不怕死，現在殺了我，不然，我讓你走不出大埔！』」

結果，黑道大哥的兒子沒等到手下來，仇家開槍後逃離大埔。幫派喋血事件像是從電影中，活生生的演到現實生活中。我們在醫療站就算讓大家就少一點痠痛，也要努力地去試試看，但一聲槍響就讓生命瞬間消逝，何其脆弱、荒謬的現實。

「我去休息一下。」吃完飯休息幾分鐘，就等著下午兩點的門診開始。

代言人？溝通的橋梁？分身？都算吧。如果非要我定義品妃扮演的角色，那她應該是我在大埔的「代理人」。除了難以備載的工作項目外，我在過年過節收到數量可觀的糖果、點心之類的伴手禮，品妃代表我四處探望病人。「阿伯，這要送你的，葉醫師要我祝你新年快樂。」

人生，誰說得準。

多年前，品妃曾在大埔橋上徬徨踱步，心思紊亂地探著橋下幾十公尺深的墨綠色水面。

醫療站成立那年，年輕的品妃剛從嘉義市嫁來山上。婆家在往茶山路邊，孤零零的房舍，要開車二十分鐘才能到湖濱公園旁的街道。

醫療站的中醫門診要到隔年才開始，而我是第一位上山服務的中醫師。至於和品妃成為醫療站的同事則是幾年後的事，只要我上山看診，不論風雨，她會在我抵達前就開好診間、招呼著等候的病人。

「確定要嫁。想清楚喔！」品妃朋友的提醒，言猶在耳。

婚前，在嘉義市區工作的品妃惦量過，大埔的山與水和小時候待過的臺東，像是複製、貼上般有股熟悉感。也許，臺東還更「無聊」些。小學時，父親不適應高雄太過喧鬧的環境，選擇辭掉高雄港務局的工作，舉家東遷後，靠著承租農場過著自耕自足的生活。其實，當時另一個選項是大埔鄉裡的嘉義農場。

若不是父親因為生病來到嘉義，品妃和另一半是否會相遇，還很難說。

品妃從嘉義市高職的商業經營科畢業後，維持著兩年左右換一份工作的頻率。做過福利中心的收銀員，後來到婚紗公司，從門市的接待、攝影助理，連新人試完婚紗的修改都得做，但她最不怕的就是「辛苦」，可惜最終這間婚紗公司結束營業收店。

畢業後第三份工作，來到年輕女老闆的手機通訊行當門市兼會計，直到有一天，老闆的哥哥提著一袋柳丁來到店裡「巧遇」騎車扭傷腳的品妃。接著，兩個人開始約會、決定走入禮堂。

「姚女士嗎？不好意思，那位阿伯比較不舒服，可不可以讓他先看。」

「好，我不趕時間，沒關係。」

我起身從診間的門探出頭問著。那是第一次看到品妃，看起來頂多三十歲，正埋首看書。揚起臉，臉上沒特別變化的點點頭。

幾分鐘後，我拉開診間門叫品妃。她走進診間，坐定在有著黑色、圓形椅墊的椅子，接著把剛才看的書放在桌上。

原來她在看教養小孩之類的書。

「小孩多大了？」

「喔，兩個男生，都在讀國小。」

「下次妳來看診時，我介紹妳一本不錯的書。」

「真的嗎，謝謝醫師。」我試著拉近第一次見面的陌生距離。大埔的年輕人可不多見。

「品妃，今天哪裡不舒服。」我習慣直接說名字，這樣會熟的快些。

「我是嫁來大埔，可能不適應吧，就會一直打噴涕、流鼻水，一直滴。」

「什麼時候比較嚴重？」

「好像是秋天、冬天，手腳很冰冷。」

「因為濕氣重，有吃冰嗎？」

「天氣熱會吃。」

「要少吃，最好盡量不要。有些寒涼的食物也要避免，就算炒過也不會改變性質。」

我請她伸出右手放在桌上的黑色軟墊上把脈，再來是左手。

下診後，我回到嘉義市的書店買洪蘭女士寫的《歡樂學習，理所當然》，在隔週上山時送給品妃。教養孩子的目標應該是正直、健康、快樂，希望能與孩子建立融洽的關係，讓孩子開創屬於自己獨有的美好世界。

後來，品妃接連來看過兩次門診，只吃中藥的效果還不明顯。我說服她針灸，並建議調整飲食的原則，再經過兩、三個禮拜後，總算慢慢改善過敏的症狀。

「葉醫師，你看病人看很久，很仔細喔，其他醫師好像不會這樣注意。」

「一個禮拜來一次，當然要盡量幫大家看仔細些。小朋友今天怎麼樣呢？」

「老大這兩天開始流鼻水、咳嗽，是不是感冒？」

「有人說看中醫的效果比較慢，不擔心嗎？」

「還好啦葉醫師，我的過敏都能好了。」

品妃大概是從自己的就醫經驗得到信心，她的兩個兒子從小感冒、過敏發作，不看西醫，反倒會帶到我的診間來，成為難得的小病人。還好，小朋友都敢吃中藥。

彷彿一轉眼間的事，現在品妃和我都多了二十歲，而她兩個兒子早已到外地工作賺錢。

喜歡看書的品妃，是病人中與我年紀相近的。每回看診時閒聊幾句，透過她的眼去看看我察覺不到的大埔。

「妳還真有勇氣嫁來大埔。」

「確實有勇氣，但也讓我很洩氣。」

「怎麼說呢？看妳還蠻正常的呀。」

「我和父親一樣喜歡住在大自然的環境，但嫁到山上後的孤獨感受，真的不好受。」

「聽長輩開玩笑說古早交通不方便的時候，很多山下的女孩被『騙婚』，上山後覺得後悔，但不知怎麼下山。至少，在生活困苦的年代裡，山上還比較有東西吃，能生活。」

「可能喔，聽嫁來山上五十年的鄉民代表說，以前上下山都要走山路六、七個小時。」

公公和婆婆在山上種麻竹筍，天光還沒全開就要出門工作。在山下晚睡晚起的品妃，嫁到山上第一天開始就得在清晨五點起床，用毫無特殊之處的廚藝快速地準備好早餐。接著要打掃家裡、洗衣服、餵養家禽，然後，原本以為終於能放鬆的休息時刻，卻逐漸演變成一場心情災難。

她站在門廊上，望著水泥空地上發懶的黑狗，幾隻家貓盤據在曬衣架旁整理毛髮，再往外是公路另一端起伏不斷的山巒，有時陽光閃耀、時而雲霧裊繞。好無聊，怎麼辦？當時間是以秒計算時，無比難熬，而先生下山做營造，連個能講心裡話的人都沒有。

品妃開始習慣收看烹飪節目，跟著主持人的說明，一步步的學做糕餅、餅乾、蛋糕。這是後來我能享受到美味點心的原因。

有幾次，她帶著鬱悶的心情來到大埔橋上，來來回回地不知走了幾趟。

呼嘯而過的汽車，在天上盤旋的老鷹，曾文溪水日夜不停的注入水庫。終究，她默默地趕回家準備晚餐。

當山裡冷清的空氣中出現嬰兒散發的香甜氣息，為品妃灰色調的生活中添上幾抹色彩。結婚第二年開始，長子和老二接連出生，生活的重心從心的孤寂移轉到孩子的笑語、哭鬧中。

但實實在在去看這個陌生的山城、人們、過去未曾察覺到的細節，已是嫁來好幾年後的事。她送孩子上幼稚園，藉機在大埔街上流連，直到小學的托兒所接孩子回家為止。

「妳想不想交功德款？」

「當然好呀！功德款？是要捐給誰。」

品妃並不擔心勵譁姐會騙她；或是，她是不是被人家騙了？

因為，勵譁幾乎是來大埔最早認識的人。剛開始，品妃送孩子到大埔國小附設的幼稚園後，正想著要去哪裡打發時間，往前看到學校對面的「大埔鄉民眾服務分社」。

「我能進來看報紙嗎？」

在裡面工作的麗霞給了大大的笑臉。也許是看到每天報到來看報紙的這個年輕女子，常常愁眉不展。她沒有朋友嗎？麗霞主動和品妃聊天，把最要好的朋友勵譁介紹給她。很快地，三個人已經是跨越年紀，無話不說的姐妹淘。

品妃受她們熱情的鼓勵，還有被幫助的時候多些。而我剛到大埔醫療站時，最先認識的也是來當醫療志工的勵譁，笑容不曾從她臉上移走過，想必和她是慈濟志工，服務的又是彼此認識的鄉民有關。

我現在一天要分上、下午兩個門診才能看完一百多位病人，但剛來大埔時只有早上的門診，看到十二點多結束時，頂多三十人出頭。下山前，常會先繞到勵譁師姐在當管理員的螢火蟲生態館，喝著她泡的咖啡，獨享眼前的湖光山色，蠻懷念那時的悠閒。

後來認識勵譁在做營造的先生，只有一隻腳的左樹，努力賺錢養家的魄力可不輸任何人，還當上和平村村長。

「功德款是要捐給慈濟，每個人一個月一百元，可以選擇要捐慈善、醫療、國際賑災好幾種選擇。」

「原來是慈濟。」

「妳知道慈濟嗎？」

「當然啦！我住臺東時看過一本介紹慈濟醫院的書，不過，看了一下就擺著，因緣不足吧。」

「看起來，妳和慈濟的因緣是在大埔啦。」

「說不定喔。」

「證嚴上人說過，醫生和護士很幸福，開車爬山、早出晚歸，大家共同一念心就是要去拔除大埔人缺醫缺藥的苦，妳也可以一起來當志工。」

勵護的「保密功夫」到家，直到詢問功德款的事，才讓品妃知道她是培訓兩年，讓證嚴法師授證的慈濟委員。只是，身為鄉裡的第一位慈濟志工，想要招募新志工真不容易。

設籍在大埔鄉的人口有四千多，但除非碰上選舉時的回鄉投票潮，日常居住在大埔鄉的頂多兩千人。為了水庫興建、用水的品質，大埔人犧牲的是代代相傳的良田以及山林農作的限制，辛苦的營生顧飽肚子外，要再投身志願服務並不在尋常的想像中。

「以前真的要等慈濟他們來義診才能生病。沒有醫療站前，誰敢生病呢？」

在診間常聽到鄉民說著過往的日子。大埔消防隊員因著筋骨痠痛來針灸時，也提過車禍中有大量出血，或是急症快要休克，甚至已經沒有生命跡象時，先送到醫療站急救再送下山，運送中比較容易掌握病人突發的狀況。

「阿伯，這是我自己煮的薑母茶，天氣冷，趁燒快點喝喔。」

品妃志願來醫療站幫忙一段時間了，做到彷彿是自己經營的診所、自己的家裡一樣。她從家裡燒茶水來，夏天是青草茶，到了冬天就改成薑母茶。

為等候看診的鄉民奉上一杯熱茶，招呼他們進診間、去櫃檯批價、領藥，提醒他們下次看診的時間。她本來就是個充滿求知欲、閒不下來的人，曾在接送孩子上學的空檔報名西拉雅國家風景區導覽員的訓練，進一步認識大埔的歷史、植物、鳥類生態。

跟著勵譁師姐為過世的鄉民助念，在衛生所舉辦的健康衛教宣導、大林慈濟醫院在鄉裡的複合式健康篩檢，還有，到醫療站當志工，讓品妃心底淹沒的熱情被喚醒、騷動。

「萬一被人家騙了怎麼辦？」

「怎麼可能，慈濟在臺灣做那麼多好事，還在我們這邊開醫療站。」

「不管那麼多，妳趕緊返來就對了。」

正在山下上課的品妃，拗不過婆婆的擔憂，只能收拾筆記本，悻悻然地跨上摩托車回山上。她為了慈濟這堂醫療志工培訓，特地請託朋友幫忙送孩子上學。長輩的話還是得聽，她覺得無奈，也先回家，但生活的重心已無可動搖。

連不認識的人都上山來幫忙，自己人當然更要彼此照應。品妃和勵譁一直抱著這樣的心情。「慈濟的事就是我的事，醫療站不少我一人，但我需要它。」

「品妃，聽說妳幫我們同仁的宿舍打掃？」

「對呀，雅如拜託我的，聽到時覺得怪怪的。但就想說也是一份工作，對家裡長輩比較好交代。」

「那倒是，總不能都是做志工。那妳願意也來診間幫我的忙嗎？」

「真的？但我不是學護理的，是學商的喔。」

「沒問題啦，護理人員以外的都可以幫忙。」

「這樣喔，那我試試看好了。」

「太好了！我回頭和麗燕阿長建議。護理人員輪動一直很頻繁，很難找到固定的人。妳算半個護理，掛號、批價，護佐都能做的。」

想要付出，不愁沒機會。我向護理長推薦品妃後，她成為打點診間裡裡外外事務的助手，還抽空檔負責午餐、點心、居家關懷。

有了她的催化，我和病人間還隱隱存在的界線消弭於無形。品妃回到家開始看大愛電視臺，只要和醫療類相關的節目都看，談話性的「大愛醫生館」、紀錄片性質的「志為人醫」、中醫養生節目。她像個求知若渴的學生。

許多個傍晚下診後的時光，品妃跟著我到喝醉、食不下嚥的吟淑家往診。鳳為總說：「葉醫師是我們的貴人。」也常掛在嘴邊感謝的，還有品妃的陪伴和鼓勵，不然真不知道怎麼走過來。

幫沒法出門的病人診察完，推拿、下完針，品妃總趕我趕快下山。「葉醫師天黑了，很危險，你先走。」她等到針灸的時間到了，拔完針，和病人、家人聊幾句，才催動機車油門，在夜幕低垂中回家。

幾年前，當大埔出現一家新的中醫診所，面臨健保局要求我必須在年底前停止營業的最後通牒。品妃為我在大埔經營這麼多年所受的待遇覺得感傷，但還是順著我的請託，佯裝成病人去那家新診所試探，我想知道那裡的醫師是否能好好照顧鄉裡的人，就算要走也要安心地走。

我的看診人數一度掉到七十幾，而醫療站的中醫門診終究在鄉民的「護航」下，有了戲劇性的演變。其實，只要緣分還在，我就會一直上山，說是照顧他們，自己才是最享受大家照顧的人吧。

「奇怪，品妃妳有聞到一股瓦斯味嗎？」

「好像有欸，可是在診間裡，怎麼可能會？」

聽到我這麼說，在藥櫃前的品妃放下裝著藥材的塑膠籃子，一旁正上針的病人也好奇地四處張望。

「會不會印表機過熱？」我自言自語著，也許該問一下資訊室的同仁。「啊，葉醫師我想起來了，真歹勢！」品妃忽然想起大埔的志工送來一罐榴槤蜜，因為味道有些濃郁，就順手放在看診桌下的櫃子裡，而櫃子上正好是輸出醫囑單的印表機，難怪會聯想到是否印表機過熱了。

瓦斯味疑雲的案情總算水落石出。

大家總是想送些什麼來表達心意，但想送又怕其他人看到會講話，產生「是不是要葉醫師特別照顧呀？」之類的聯想。低調送來各種早上剛採收的蔬菜、水果，雞舍裡特別挑過的雞蛋，還有自己產的蜂蜜、榨的苦茶油，琳琅滿目的山林特產，簡直可以開雜貨店。

「妳為什麼在家都沒有笑容，去醫療站就一直笑個不停。」

「那我一定是累了，或者，在想什麼事，有人會沒事一直笑嗎？」

「不是故意擺臉色給我看？」

「我沒那麼閒，你也太會亂想。」

品妃的先生滿心疑問。他知道太太嫁來山上後總是心頭糾結著不快樂，但自己得下山工作，沒辦法多陪陪她。到醫療站、做志工，真有這麼大的魔力？都忙了一整天該累了吧，她怎麼還是笑得出來？

醫療站的出現，確實讓品妃有機會找到生活的寄託，任誰都期待能做些什麼、被肯定的感覺吧。看著葉醫師幫大家可以輕鬆一些而高興，我也很開心。

對我與鄉民來說，她是份特別的「禮物」。令我覺得就像那見人就五體投地禮拜的「常不輕菩薩」，品妃對任何人都抱著恭敬、盡心的相待。她辛苦地消化生活中的寂寞、苦悶與為難，仍能在付出、助人的行動中轉換念頭，更積極投入。

「品妃，我休息一下，打個拳。」

有時真的覺得累了，精神差了，我會把診間內這一批或坐或臥的病人上完針後，趕緊到外頭去打拳，動一下再回來。

現在，品妃不僅是看診的助手，每個禮拜六下山到嘉義市學太極功、讀《道德經》和《法華經》，要稱我一聲師父。

翁媽

「完了，會衝下去？」

當意識到車輪在布滿泥濘的工程便道中打滑，我快速往右扭動方向盤、腳死踩著煞車不放。但車子仍持續向左邊的河谷橫移，那可是幾十公尺深的河谷呀。閃不過了：「阿彌陀佛、阿彌陀佛。」

那是二〇〇四年，敏督利颱風過境臺灣後的第二週。在這次幾乎要致命意外的七天前，我開車來到臺三線三百二十多里處，再幾公里到大埔橋。遠遠地就看到道路右側的山坡，在颱風後帶來的大雨中整片滑落，黃橙橙的土石從山頂一路延伸到公路上、溪谷裡，那坡上原本應該是草木茂盛。

怪手空降、空隆地鏟著，路邊有穿著警示背心、正揮著閃光警示棒做交通管制的人。

既然沒封路，我就繼續挺進。當來到土石坡前時，看到搶修人員已開出可供一臺車通過的便道，地面上積了一層砂。我在砂地上試踩煞車時，後輪竟輕微打滑、甩尾，很像在砂地上越野，突然有種征服自然的莫名成就感。

通過工程路段後，我停在路邊的空地上。下車後望著剛才開過的位置，那山坡簡直就像從天而降的黃色瀑布。類似情不自禁的那種心情，我拿起手機拍了許多張照片。檢視時，其實拍的畫面大同小異，只是，颱風造成災害的規模，遠超過單純看影像能給予的想像力。

敏督利從花蓮登陸時已經從颱風減弱成熱帶風暴。但引進的旺盛西南氣流讓天空落下大雨，一日復一日地沒有打住的意思，從臺中、嘉義到屏東的山區，一週的累積雨量超過一千公釐。

新聞裡，陸續確認的死傷人數、幾十億的農業損失。颱風的名字是韓語中的「蒲公英」，它的種子依在白色的絨球上隨風飄散到新的地方孕育生命，「在遠方為你幸福而祈禱」，多麼美麗的花語。

這是寫劇本嗎？就在同一的地點，我上週停車後用手機往來的方向拍下的奇觀，竟正試著在把我吞噬。

車子在泥濘中以十五公里的時速滑動，對岸的山像個巨人步步逼近，在我口中快速且強烈的佛號中，瞥見泥濘路面與河谷邊緣的空隙中出現一小處乾涸的地面。與意念幾乎同步，那打滑的車輪在接觸到乾燥的地面後瞬間產生摩擦力，稍微往我死命抓著的方向盤往右偏。

這時，一塊石頭奇蹟式地現身，與左前方的保險桿直擊後，總算，讓車順勢彈回路面，緩緩地往右滑動，直到撞擊山壁，結束這場驚魂記。

在傾斜的車身中回過神來。「怎麼會這樣？和我上個禮拜拍照有關係嗎？」總之，我在這場驚魂記中大難不死，我只是虛驚過度的毫髮無傷，車子的安全氣囊也沒爆開。

「醫療站等待的人怎麼辦？」我打電話回醫療站求救時，才發現：「只有距離，沒有訊號。」

意外發生後，第一輛來到眼前的車，竟然剛好是從醫療站出發，要回大林慈濟醫院開會的護理同仁，還好，她的手機有訊號，幫忙打回醫療站給品妃，讓她想辦法幫我脫困。

等待的時刻很容易心慌意亂。想著每週風雨無阻的上山看診，為大家緩解病痛，老天爺祢應該有看到吧，要是我有個三長兩短，會不會太過分了，那誰能再照顧大家呢。

「葉醫師喔，我是翁爸的兒子啦。」

「是嗎？抱歉我……」

「我媽打電話要我過來處理，我以前給你看過啦。」

原來是勵譁師姐的兒子國賓。他跟著父親左樹做工程，接到母親電話後就直接從工地開著吊車過來。九點五十分，國賓把車吊回路面，天呀，車頭前的保險桿破裂，俯身往車下看，正滴滴答答地滴著水。「水箱應該還沒破吧？」我不抱希望地扭動鑰匙。

引擎竟毫不猶豫地應聲發動起來，我在十點半趕到醫療站。沒事、沒事，輕描淡寫地回覆大家的好奇與關心。這天，我依約看完每一位病人，早把驚嚇拋到門外。翁媽，我跟著品妃這樣叫勵譁師姐。她是品妃進入慈濟志工的「雞母」，每天到醫療站當志工，幫忙招呼鄉民掛號、看診、領藥。在看診初期病人不多時，下診後的我在水庫邊的螢火蟲館邊，喝翁媽沖的咖啡，看著季節的容顏在水面輪番上演。

品妃在診間接到我的電話，打給翁媽，接著啟動翁爸、國賓一連串地救援模式。讓自己照顧的病人回過來拉自己一把，那種毫不猶豫看顧彼此的情誼，讓默默承載大埔鄉民幾十年悲歡交集的臺三線，添滿暖意。

這些年，我開車往返大埔的衛星軌跡可累積成一條大河那麼寬吧。

臺三線像是享受速度者的後花園，而我熟悉每個路段過彎時的角度、轉動方向盤的力道、踩放油門的絕佳時機，面面俱到以達成速度與過彎的完美呈現。只是，經歷過幾次在路上的意外後，我更加確信，不能老像個親臨現場的觀眾，抱著喟嘆自然的威力、人的渺小這樣的心情而已，得開始思考得更深刻些。

在我發生車禍的八年後，翁爸躺在大林慈濟醫院的病床上，脖子上的切口處有條白色的氣切管伸出來，接著床邊鎮日運作不停的呼吸器。凹陷的雙頰，讓憤怒的雙眼快噴出眼眶。他一而再奮力地把右腳蹬得老高，氣喘吁吁地，就想踢人出氣。

終究，他誰也踢不到。因為從右腳的膝蓋以下，在年輕時因為意外而截肢。至於正常的左腳，在始料未及的中風後就動不了了。

今天好不好？有沒有人來看你呀？

我走進病房問候，試著緩和翁爸和護理人員間緊繃的氣氛。因著健保住院有一個月的限制，翁爸已經在嘉基、聖馬、長庚幾家醫院間逐月的「流浪」。後來，轉來大林的呼吸照護病房，總算讓我能就就近幫些忙。

翁媽和國賓每天輪流從大埔下山來，為了生活與醫療的開銷，工作可停不下來，但這對母子像反覆被繃緊的橡皮，不知何時會斷掉。我在下診後來到病房，幫翁爸針灸，陪他聊幾句。雖然他說不出話，但看到我來時，用蜷縮的手勉力揮動幾下，不甘心的無奈神情緩和了些。

「不可以亂踢人喔，不然又要被綁住，會更不舒服。要有信心，會更好的。」

我向來認為翁爸是條硬漢，從年輕時就少了一條腿，卻比別人多一倍勇氣，生病前，開著吉普車四處做工程來撐起家庭，而在翁媽的眼裡，先生就是自己的一片天。有天早上，到醫療站沒多久的翁媽，突然接到翁爸打來的電話。

「我很難過，趕快來。」

「怎麼回事？你在哪裡？」

翁媽聽到氣若游絲的聲音，緊張地追問，但電話那頭只有微弱的聲音，聽來像引擎正發動著。她直覺地跳上摩托車趕往先生的工地。

再見到翁爸時，他手裡還握著電話不放，但整個人已往後癱在怪手的椅子上，失去意識。大埔消防隊的救護車幾分鐘內就趕到工地，而下山到嘉義市醫院五十多公里的路程，卻是場望不到盡頭的漫漫煎熬。

送來的太晚，妳先生是嚴重的腦幹中風，恐怕過了搶救的黃金期。翁媽壓抑著情緒，拜託醫師盡可能地救看看。心裡則對翁爸說：「不要害怕，順其自然好不好，如果能醒過來，我們就陪你走下去，如果撐不住了，我們會祝福你，讓你好好地走。」

翁爸在大家奇蹟式的讚歎中醒來，但癱瘓的身軀，無法靠自己呼吸、吞嚥。當幾個月後輾轉到大林時，看著翁媽疲累的眼神，還有國賓畢竟是個男生，為了幫父親換衣服都能弄到父子間劍拔弩張，這個家禁不起再有什麼變化。我勸翁媽該是改變的時候了。

「翁媽，妳和國賓這樣大埔、山下醫院兩邊跑，能撐到什麼時候？」

「唉，遇到也只能認命。在山下一年多了，只能拖一天算一天，還好有葉醫師來幫針灸。」

「翁爸成天待在病床上胡思亂想，還以為妳們要放棄他。對呀，每個月一到就得要換醫院，我也不方便去。如果回山上呢？」

「回山上？山上什麼醫療設備都沒有，不行吧？」

「我覺得翁爸的情況比較穩定，不需要一直住院。妳可以請外勞幫忙分擔照顧。」

「不用住院了？不行、不行。」

「翁媽妳還擔心什麼嗎？回到家應該會讓翁爸心情變好些，妳和國賓也能專心工作。」

「只要能對我先生有幫助的，我都願意去做。但，葉醫師，我們可能沒辦法每週三帶翁爸到醫療站讓您針灸。」

「原來如此！」

我笑著搖搖頭，翁媽滿臉疑問的看著。倒是在床上說不出聲的翁爸，眼神亮了起來。

爾後，週三傍晚時分的門診一結束，我和品妃準備好醫療用品，在天色白與黑交換的空檔往嘉義的方向前行。

約莫五分鐘的車程就到翁爸住的村落。往診對我不是新鮮事，初體驗的第一位病人是吟淑。但這麼一來對品妃比較不好意思，得拖延她回家準備晚餐的時間。

「天黑了，葉醫師你快下山，等一下我收針就好。」品妃每次往診看我下完針，就開口趕我下山。

翁爸回山上幾個月後，身體的延展比較好了，能裝上義肢起身，站上幾分鐘。人站得高，視野開闊許多，心也舒坦起來。一切都往好的方向發展，總算沒打臉我希望翁爸回山上休養的建議。

在三合院旁右側的客房裡，翁媽把寬敞的空間整理得摸不到一絲灰塵，調控適當的溫度和濕度，讓人聞不到汗水、排便這類的異味。每天工作的午休時間，翁媽顧不得午餐就趕回家打果汁，再用鼻胃管緩緩地注入。「今天有蘋果、芭樂，還有奇異果喔，保證營養。」她在翁爸耳邊輕柔地說。

餵完後再幫他揉揉手、按按腳的，才放心地出門。

中風過的人得積極的治療，不然，只會慢慢往下坡走。我的治療策略是以補腰補腎為主的長期調理，也期待好友能有機會恢復得更好。畢竟一週只能往診一次，我盡可能地在翁爸的身上插上二十幾到三十根針，從針灸的穴道刺激，再輔以揉、按、推的加強。他的意志力堅強，從不輕易喊痛，在他心裡應該也有股非要試試看、說不定有機會恢復過去身手這樣的念頭吧。

「葉醫師，今天雨下那麼大，你看完診就趕快下山，別再繞來家裡，翁爸少針一次沒關係。」唉，我最怕在下雨天接到翁媽的電話。不想讓她操心我下山的安全，而且，只要路不斷，有什麼理由不去幫翁爸治療。

「葉醫師你都說不聽，那你回家時真的不能往中埔，天黑雨又大，太危險，我們還要靠你看病呢。」有幾次在入夜後的雨勢滂沱不止，我會聽翁媽的建議繞遠路，從楠西的方向離開大埔，這一段臺三線坡度平緩，也少有因大雨坍方的情況。

翁媽每回不忘地準備，像是回家晚餐前的點心。

「忙那麼久，一定餓了！這裡面有蒸好的包子，還有熟的玉米，在路上吃完還可以配水果。」

「葉醫師你看，翁爸看到你來就開心。」

「今天好嗎？有咳嗽、痰嗎？」

「這禮拜都還好。」

我貼在床沿、低下頭，先把翁爸右手的脈相。最近的細脈比較多。再把左手的脈。陰虛，內在乾燥，比較強烈。

「翁爸的氣切管換了嗎？」

「有和嘉義市的醫院約下禮拜換管子，怎麼了。」

「翁爸的呼吸聽起來有痰黏在氣管上，有呼吸道感染的症狀，我擔心會引發肺炎。」

「肺炎？那怎麼辦？」

「肺炎可能會併發呼吸衰竭、敗血症，翁爸不能等到下週，先找救護車送下山比較安全。」

翁爸回家後，每兩月要到嘉義市的醫院換氣切管。我摸到他身體有狀況的那天，正好是換管線前一週，但我在針灸後催促翁媽：「可能不要拖，趕快下山比較保險。」保持著每週到翁家往診的節奏，轉眼間就過了兩年。慶幸自己沒半途而廢，竟意外阻止了那次危機的蔓延。

在山下時，翁媽擔心翁爸回家後，沒有辦法定期帶到醫療站讓我針灸，我曾對她說：「你們家就在下山的路上，我下班了只是順便經過，去幫翁爸針一下哪會影響什麼時間，真的不用介意。」總算讓翁媽點頭回山上。至少，翁爸得以度過了七百多個身體穩定的日子，相信他的心情也是。

「葉醫師，真麻煩你。」

「緣分天註定，若不是你們幫忙，我怎麼可能在那次車禍後回得到醫療站，我當然得把握回報的機會。」

尾聲

叭叭！

我快速、連續地對前方的黑色 TOYOTA 休旅車，輕按兩下喇叭。早上從嘉義市出發後開了四十多公里，就當距離大埔橋還有幾公里時，遇到預期中的車子。

大概是我們從嘉義市各自出發的時間不變，每月總有兩三次「狹路相逢」也算事出必然。

喇叭聲仍在風中飄盪，休旅車已放慢速度。我趁勢加重油門從後方跟上、並排，接著和開車那位蓄著三分髮、眼神帶著殺氣的男子互點下頭，旋即加速揚長而去。按兩聲喇叭是我們彼此的默契，意味著我來了、謝謝、先走了、待會見。

那男子上半身總是一件不會紮進黑色西裝褲的襯衫、搭著黑色的麵包鞋不穿襪子，一副不好惹的他，是一般人口中的「浪子」、「流氓」。平常大概難以忍受別人超他的車吧。他後來在醫療站對我說，早就知道葉醫師開什麼車。

門診燈號往前跳了一號，我拉開門喚著病人的名字。男子用輪椅推著母親進來，直接到左手邊的第一床，按下輪椅兩側煞車，蹲下收起金屬踏板，再起身扶著母親的背，站立後背對床，緩緩地躺下。男子推著空的輪椅，拉開診間門出去前，就像在車上的情景複製，他轉身對著我點頭、露出稍閃即逝的笑意。「葉醫師，謝謝。」

二十分鐘後，他再次進門帶媽媽回家。在我眼中，以溫柔動作對待母親的他，是位不折不扣孝順的兒子。

他在年輕時獨自下山闖蕩，媽媽則在父親過世後太過傷心而中風，讓已嫁人的姐姐照顧。沒多久，他覺得過意不去，便把媽媽帶回嘉義市區生活。平時做建築，遇到週三時，帶著母親上山來看我的門診，等針灸完，再帶母親回馬頭山的老家休息。

阿姨是腦幹中風癱瘓，剛來診間時，從後面推她時可以動一下，若要靠自己，則一步也跨不出。「我歸個身軀痠痛，哪會暗時攏睏袂去。」雖然總是說著身體的苦，但一年來的治療，阿姨已經可以很清楚的講話。她能扶著東西站立、收腳，手部還有些僵硬，但能正常活動。我先幫她腳做些主動、被動的伸展，會有些復健的效果，也是針灸前的暖身。

的確，中醫能改善中風後遺症治療的研究逐漸累積，改善肢體的張力、無力、失能、降低死亡率與憂鬱，但每個病人都是獨特的存在，治療不會有唯一的答案，得在望聞問切中思索最適合的針灸策略。我以四神聰、運動感覺區、耳門、金津玉液、風池等來刺激阿姨的腦神經，另以合谷、曲池、外關、足三里、崑崙、委中、承山、太衝來做遠端的調控。

我常想，當忙著看診時，在診間裡上好針的、在一門之隔等著看診的鄉民，想必正默默地在觀察著我的一舉一動吧，就如在臺三線上開車時禮讓我的孝子，總知道我開什麼車。而當我週復一週在臺三線上奔馳時，冥冥中也有著什麼正俯視這片山林。

在大埔門診二十年後，我換了第五輛車，雖然還是選擇ESCAPE，但可是全新改款，低調的寶藍色，一身俐落低風阻的線條。「葉醫師換新車喔！」在臺三線上與孝子相遇並行時，他難得開口，當我如故加速離去，他閃了兩下車頭燈，想必意謂著，恭喜了。

不過幾週的時間，當換車的歡喜仍盛時，我在往大埔的路上，放眼望去前方路況毫無車蹤。我刻意地將左車輪壓過中央的分隔線，正轉備往右拉回主車道時，對向一個巨大的黑影已如龐然大物與我的駕駛座交疊。我下意識的轉動方向盤想避開，但黑影現前，心頭明白已難全身而退！

與多年前車子打滑險些墜落山谷的意外相比，這回狀況來得太急而讓我毫無招架之力，甚至，連祈求的反應都來不及。一個乾淨俐落的碰撞聲後，我張大了眼，減速，與大卡車停在反向的路邊。

意料外的，我的車沒被卡車撞飛？在忐忑中打開車門，我下車繞了一圈，結果只有左邊的後視鏡被撞爛，另外，前保險桿的左邊有塊輕微的擦傷。

「少年欸，開車愛細膩啦。」大卡車的運將揮了揮手，開車離去，而我，重回駕駛座，拍拍胸膛，繼續前往醫療站。

這一天，我如常地看了一整天的門診，沒有鄉民知道發生什麼事。只有卡車司機知道、我知道，還有祂也知道，而且大發慈悲，願意給我這個守護山民健康的中醫師，繼續付出的機會。

事後，我換了後視鏡，但刻意留下保險桿上的擦撞痕跡。

如果心中沒有敬、心存僥倖，
相信我，終究會被這座大山的主人教訓。
儘管我沒真看過神靈的模樣，
但我知道祂一直在某個轉角、哪個山頭，
正憐視這片被公路恣意穿越，

早已傷痕累累的山林。

3

金牌醫生

如果沒有他，我大概會帶著超級不爽的情緒，
卻仍認分地等待門診依規定被迫結束那一天到來。
說真的，上山服務二十年來，
我幫大哥看診的次數，連五根手指都數不到。

張大哥一臉神祕的走進診間，然後，刻意地咧著嘴對我笑，這表情看來可不單純。

下一秒，他從長褲口袋裡掏出一個紅色小袋。那是傳統金店會有的那種表面有綢布光澤，在上面通常印「喜」、「福」這類象徵吉利的字眼。

「葉醫生，這塊金牌給你。」

「你打金牌給我幹什麼啦，我又不是神明。」

「就是想謝謝你啦。」

金牌上有九尾鯉魚圖樣，黃澄澄地，像每年秋冬時節大埔鄉裡家家戶戶門前，整片晒得金黃的筍乾。

「送這個又沒什麼大不了。葉醫生，大埔有你罩著，讓大家心裡有個寄望，你可千萬不能走。」

想不到，他前陣子帶老婆來看病時說的話，並非玩笑。「葉醫生，我欲打金牌給你。」

「我看你是打蒼蠅。」

「反正到時候你就知道。」

這時，我到大埔看診剛滿一年，在大林慈濟醫院當住院醫師邁入第三年。但的確不能誇口的是當時並不知能撐多久？會不會也有感到疲倦的那一天？或者，醫院不想再虧損而停止偏遠醫療計畫。

轉眼間，張大哥已七十出頭，我則跨過五十大關，二十年來有太多彼此間記憶猶新的畫面。或許，當年他想要用金牌為鄉民留住一位醫師的心願，到目前為止還蠻靈驗。

其實，從年輕開始就沒停止過勞動的他，來看診的記錄少到風一吹，就不著痕跡。

曾有長達一年的時間，我在週三傍晚下診後，會順道開車去張大哥的家，通常停留一、二十分鐘後再下山。

他的家在臺三線邊上，只要是從中埔上山來就會經過，再往前一小段路有座鄉內少見的加油站，右邊是大埔街區，走到底則是湖濱公園。大哥的家還兼竹筍工廠，門前以水泥砌成的廣場有一座運動場那麼大，到冬天晒筍時，在暖和的陽光中，你視線裡只會讓一種顏色占據。

一條龍式在幾十年前蓋的平房，以及旁邊有著好多個特大號圓形發酵槽的竹筍工廠，是大哥辛苦一輩子的註腳。從廣場大門越過公路是滿布竹林的山坡地，是當鄉裡平坦的農地在民國六十二年因水庫竣工而淹沒後，成為許多人維生的寄託。望著隨季節雨量變化而起落的湖面，大埔人只能欣賞而用不得，民生用水要依賴鄉裡的淨水場供給。

「葉醫師，你有沒有發現一件事？」

看診開始前，安靜時候居多的品妃突然開了口。我哪猜得到。是誰家的狗生了一打狗仔？有人被毒蛇吻到？或者，採竹筍時被野豬追？還是又發生黑道火拚？「唉呦。跟你說，好幾位阿姨、阿姆會在看診前一天去街上的美容院洗頭、吹頭髮。」

「喔，難怪有時會聞到像是髮麗香的味道，但這有什麼好大驚小怪？」

「她們可是把來看診當成像過年、過節那樣認真啦。」

喔！真讓我受寵若驚。

其實，我剛來山上就蠻有長輩緣，大概是長得一副健壯、老實，加上年輕又未婚吧，特別受歡迎。不分阿伯、阿姆都愛在看診、針灸中自然和我聊起來，像留聲機緩緩流洩著關於自己的生活、家庭，不只一次，有時要分成幾週、好些章節才說得完。

而張大哥和另一半淑慧大姐，則為我掀開一頁屬於他們家庭的歷史。讓我對這塊似懂非懂的土地，有了「原來如此」的小感傷，卻有著更多「真不簡單」的敬意。

二十年前，我參與慈濟人醫會在主街上北極殿的義診。在人氣熱絡的簡易帳篷裡，除了初識鳳為和吟淑這對母女，也是第一次遇到張耀政大哥，還有穿著鐵衣踟躕難行的淑慧姐。

問診、把脈，然後扎上十幾針，至少讓她輕鬆個幾天。

「我會固定來山上看診喔！」

「那以後要麻煩醫師了。」

當時，彼此間順口的約定。

第一次看診那天早上，張大哥側著身，像座山似的，緊跟著淑慧姐微向右斜、一跛一跛的身軀進到診間。

「今天怎麼樣？」我以習慣的問句開場，問候兼問診。他們真的依約而來。

「唉，一身的病痛哪講得完。之前下山到大醫院動骨刺手術後就沒法走，老是痛到受不了。想要大、小便時，要推車子去，真的好麻煩。」淑慧姐揪著眉說著。張大哥站在一旁，我後來發現他說話的原則是能省就省。

「這樣喔，怎麼變這麼嚴重？」

「醫生，你不知道在山上討生活、養小孩很辛苦，說到會掉眼淚。」

哎呀，我不小心按到他們的回憶啟動鍵。

的確，從未穿過雨鞋、揹竹蔞，拿著大刀爬上陡峭的坡地割筍子，我又怎能真正了解這些苦中作樂的鄉民曾經歷的。但從顯露的病痛裡，終究能透露出病徵以外更豐富的訊息。

張大哥夫婦在民國五十多年成家時，住在馬頭山腳下，當時曾文水庫的位置仍是一片綠油油的農地。幾年後，山谷間的大片平地注滿從曾文溪奔流而下的水，山腳下幾戶人家得搭就地取材綁成的竹筏慢慢划到大埔街的岸邊。也許要向老天借膽子，才敢坐上竹筏浮在深不見底的水域。爾後，為孩子讀書的長遠打算，夫婦倆用勉強能負擔的代價在街上租了間老房子的邊間，成為打拚未來的起點。

「一天做到晚，只能賺二十塊，連一斗米都換不了。」

張大哥說過，年輕時，每天做粗工，或是採筍，累到眼前昏暗。現在確實是熬出頭好過了，只是長年過度勞動下掙得生活的溫飽，現在得被收取高額的利息，健康是償還的代價。

「葉醫師，山下的醫生說沒辦法了，請你幫幫忙。」

鄉民常有這樣複雜的心情，當生病、受傷後，在都市裡有辦法找的、看的都試過了，在所有希望落空後，落寞地回到鄉裡，最終不會背棄自己的所在。

像是振宏，他十年前因工作受傷而被迫放下全身家當、妻與子，讓老爸清發接回故鄉。我覺得他是振翅飛向大山外寬廣世界的縮影，只是老天爺給他的考驗實在太嚴苛。

在他六歲那似懂非懂的年紀時，跟著爸媽從老家搬到大埔街上。幾年後，曾文溪水一吋吋地漫過谷地的荒煙蔓草，那曾經的家園與田產。轉眼三十多年後，葉振宏在外地靠著建築營生撐起一個家，養大三個孩子。只是，一次搭建板模中忽然從高處墜落，當頭部撞擊地面的瞬間，也殘酷地將他奮力打拚的日子，畫上休止符。

「你就想說，這些年獨自受的苦，會轉換成給三個孩子最大的祝福吧。」我在幫他針灸時說著，只能靠自己試著轉念。

葉爸在事故後趕到苗栗，看著兒子在幾家醫院中輾轉尋求復原的希望。而媳婦得工作、照顧小孩，還有癱瘓的先生。於是，他心一狠，把兒子帶回大埔。鮭魚返鄉，已是遍體鱗傷。

撞擊後在腦部中形成的血塊轉變成腦瘤壓迫，加上一次腦中風，清發看著全身軟趴趴的兒子，沒一絲想放棄的念頭。每天、每晚走不開腳地顧著，山下醫師曾說「傷到腦幹，說走就走」的孩子。十年了，每週三總會看到快八十歲的清發推著振宏來到診間，不知是我的針灸、物理治療師的復健有效，或是老天爺發慈悲，讓葉清發的手、腳已經有些力氣，能拿湯匙舀飯吃，可以緩緩地爬上治療床。

「葉醫生，我跟你說，振宏只是不會講話、走路，但是他什麼都聽得。」

有時清發開兒子的玩笑，說他是植物人，振源就眼歪嘴斜的攤著，裝模作樣起來。

我懂鄉民的無奈：「反正也沒別的辦法了，現在既然醫療站來了中醫師，就試試吧。」

淑慧姐說腰椎的軟骨跑出來，在嘉義、高雄的大醫院分別動過兩次手術。後來，檢查有膽結石，又動刀拿掉。幾番治療的折騰下，人變得不太能走路。而躺得太久讓左腳腫起來。醫師說是血管堵塞。

她的腰在開刀後就挺不起來，常痛到要坐輪椅移動。坐在客廳看電視想起身上廁所，要先穿上鐵衣支撐才能走。但就算舒服些想走動時，因為臀部出力代償所造成的緊繃，讓她邊跛邊怨嘆，人生怎麼這樣苦。

我採取的對策很簡單，先以原始點按摩來紓緩肌肉，再逐步找到身體最緊繃的位置來針灸。當針的頂端燃起艾草時，若白紗般的煙霧在診間繚繞不止。

腎俞、膀胱俞、環跳、下閃電、秩邊，再來是委中穴，另外，再加上補腎的崑崙、太谿、復溜，我逐一的下針。「妳倒著歇睏一時仔。」這樣至少能幫她紓緩些，或能撐到下個禮拜再來的時候。

「也不知道中醫有沒有效？」大家離開診間前和我打招呼，感謝的眼神裡無意間透露著類似的訊息，也許是我多想。但這很正常，就等著日久見真章吧。

「唉呦，葉醫生，我看著你病才會好！」

「真的嗎，真愛說笑話。」

第二次來看診的淑慧姐，已經會對我「撒嬌」。至於張大哥仍是安靜地，但眉頭鬆了些，臉上有笑意。

「我就是沒讀書、不識字，好險有葉醫生。」

「怎麼說？」

「上次給你看完後真的很舒服，我今天這邊瘦瘦的，還有這裡會痛，葉醫生要幫我多按一下。」淑慧姐食髓知味，接下來每回看診，總知道要怎麼籠絡我的心，讓我甘願地為她多按摩一下。

也許是年紀大了，或是病苦有對象可說，她對身體的症狀變得敏感起來。

「葉醫生，我真的會死掉。你看我脖子長的這顆瘤，我是不是快死了？」

我告訴她這樣不會死啦。通常有百分之九十五都沒問題，只要持續觀察就好。如果吃東西覺得不舒服、有變化時，再去醫院做穿刺或超音波檢查。講了幾次後，我們總算脫離了這個話題。

「葉醫生，我的心情不好、睡不著，還有血壓高、心臟撲通亂跳。」

「這樣喔，那我幫妳收驚好嗎？但是你可千萬別說出去！」

淑慧姐張大了眼，半信半疑地。突然，她恍然大悟的眼神以為是我在作弄人。確實，我只是想用點中醫的手法，加上一點心理策略，總是想辦法安神，會好睡些。我先把雙手用力搓熱了，以掌心覆在淑慧姐的額頭和後腦杓，熱敷一下。

接下來用中指稍微用力敲眉間的攢竹穴，使熱氣透到裡面，然後往下敲位於臉頰兩側的承泣穴、四白穴，十八下，然後是臉頰邊緣的頰車穴，敲十八下，再來到手背的合谷穴。我輕輕地敲，請淑慧姐雙眼從地上慢慢地往上看到天花板，之後再慢慢往下看，接著換手，當眼睛看到上方時，我稍微敲快些加強一下。最後，我搓熱雙手，熱敷她後頸的大椎穴。輕聲說著：「妳的狀況已經穩定了，諸佛菩薩會好好看顧著妳。」

「收驚」大功告成。

我想，每個人都有自己一套愛大埔的方式。

一年前，在乍到的中醫診間裡，出身當地的立委拍著我的肩膀，他臉裡帶著嚴肅要我好好照顧鄉民。

那天後又經過三百多個日子，當張大哥帶著金牌現身診間時，我著實感到意外的，這位大埔鄉的省話一哥竟用酬謝神明般，想用金牌加身，試著留住一位可能哪天就消失的中醫師。這種守護大埔的方式，虧他想得出來。

我比較記得的大概是多年前為他放過一次血吧，他真是健康寶寶，或者很能撐，沒什麼機會幫他看病。

那次，他歪著頭走進診間。試想把一籃四、五十公斤的筍子扛上肩，會發生什麼事呢？該是用力過度造成頸部的瘀傷。

彷彿大力士的他在這一刻，只能坐在看診椅上，斜著眼看我。

該怎麼處理？在心底快速地分析、打定主意後，我請他到針灸區坐定，拿出針往頸部的疼痛點扎下。

當深沉的血緩緩冒出時，歪著頭的張大哥不覺地回復過來。其實，當頭、頸這些位置扭傷時，針灸就像是止痛藥。

「葉醫生，你有沒有發現病人愈來愈多？」

「對呀，我現在想去勵譁師姐那裡喝杯咖啡都不可能。一定是你到處幫我宣傳？」

「當然了，好險有葉醫生啦，不然，老人家生病真的很辛苦。」

「那我應該沒讓你漏氣齁？」

這一年來，維持每週準時報到來針灸治療的淑慧姐，總算脫掉笨重，讓人窒息的鐵衣，能從坐輪椅到起身緩慢地走動。她像從盆子裡移植到空曠野地的樹，不再受生長空間的約束。

「有朋友來家裡嚇了一跳，問淑慧到底怎樣醫好？我說看西醫已經沒辦法，但對中醫也沒把握。不過，葉醫生真有耐心，看症狀、把脈有夠準，幫淑慧針到會走路。」

中醫門診開始後有陣子，總維持在二、三十個看診人數，雖然和農忙時節有關，但張大哥很擔心，怕若是病人不夠多，葉醫師恐怕會不想留下來？所以很少看病的他，反而四處去說淑慧讓葉醫師治好了，大家都該來給葉醫生看。

他每隔三個月要到嘉義市的大醫院，做檢查追蹤肝炎的變化、拿藥。他趁著下山的機會，繞去金店打了九尾鯉魚的金牌。

「葉醫生你真熱心，大家都有誇獎，千萬不能離開。」

其實，我不認為他們幫忙宣傳是壞事，至少多些人知道能來醫療站看病，換來幾天身心的舒坦也好。他們口中說得有多神奇似的，不過是在中醫的專業外多加些耐心，而他們正好也願意信任我罷了。

「我年輕時到高雄林園當兵才認識淑慧，自由戀愛啦。」

張大哥在幾十年前退伍的那天，約淑慧姐回嘉義玩。他們一起搭客運來到山腳下的沄水，然後，走五個小時的山徑才回到馬頭山下簡陋的家中。

聽鄉民代表彩秀說過，她嫁到大埔五十年，古早臺三線還沒鋪柏油時，大清早坐車下山，得到下午兩點頭暈眼花屁股痛後，才會到嘉義市。下山準備生孩子的路上，還得下來幫忙推車上坡。至於鄉裡曾短暫有過的戲院，她一次電影都沒看過。而當年放影片的少年家黃智，現在是每週到醫療站做復健的阿伯。

自由戀愛？我想反正你說了算。但淑慧姐上山後應該後悔不已吧，她連怎麼下山回高雄都不知道。

「張先生，你和女朋友要趕快講好，不然會被她父親告你誘拐，很嚴重喔。」

幾個禮拜後，大埔派出所的警察找到張大哥，警告他趕快好好處理，不然，女方的父親已經在高雄報失蹤人口，萬一追究下來可不得了。

「你要結婚？還是要坐牢？趕快想辦法。」

張大哥接到淑慧姐父親的信，請人幫忙回信。大意是說沒人騙她離家出走，是她自己心甘情願來的。

但長輩可不領情。

這次危機延續好一段時間。後來，張大哥帶著淑慧姐下山，並在未來的丈人面前展現誠意賠罪、提親。這是離家多時的淑慧姐，第一次回到高雄。

解決完婚姻大事，等待兩人的並沒有童話中幸福快樂的日子。淑慧姐從年頭忙到年尾的跟著張大哥勞動，生兒育女、整理家務。她仍留著當年孩子出生時綁臍帶用的「茶仔絲」，看起來就是一把土黃色的細繩子，那時的工具還有雨衣、剪刀。

「就像去便所，真歹命，也真好生嬰仔。」

終於在幾十年後有餘力享受時，淑慧姐的病痛卻一一現身，盤據不散。

金牌事件是張大哥愛大埔的方式，以及，詮釋對牽手滿懷虧欠中，因病情好轉的釋懷。

最難處理的病症是什麼？

當張大哥的女兒彩貞坐著輪椅被「五花大綁」送進診間時，已是車禍後好些時日。垂著頭也掩不住蒼白的面容，她的眼神落在身軀上纏得緊實的紗布上。

聽說那是個尋常陽光燦爛的早晨，山上總是比較接近藍天。彩貞騎車送小孩到國小上學。在回程途中莫名地與一部廂型車發生劇烈的撞擊，結果造成她骨盆、腰椎、腿部好幾處嚴重碎裂，那種傷勢有難以想像的錐心痛楚吧。

這時是我到大埔服務的第六年。

大哥說，彩貞在車禍後很快地讓救護車送到嘉義市區的醫院急救，但一直在會診與評估中，沒敢處理，只好往嘉義長庚醫院送。那裡的醫師說骨盆裂掉要趕快開刀，否則壞死就不能走。後來，做了兩、三次骨盆腔的重建手術。

張大哥總是處心積慮的怕我不告而別，但他絕不會願意去想像有一天，竟是自己的女兒遭受難以承受的痛楚，而期盼著我能幫什麼忙吧？

大家都說，彩貞能活下來就很不簡單。

那她自己怎麼想、怎麼熬過呢？從意外後在山下完成手術，又復健一段時間，終究回到山上。是休養，也像旁人同情眼神中「只能這樣了」、「大概放棄了」。

我盡可能擠出鎮靜的神色，在治療床上從彩貞骨骼結構上連結到關節處，逐一找到僵硬點，然後下針。

日積月累中，大埔人對我的信心慢慢墊高。但，我只是保持簡單、不帶一絲猶豫的念頭，只要人還願意進到診間，就盡所能去對治眼前的難關。

張大哥和淑慧姐有兩個女兒，彩貞嫁到山下幾年後，決定舉家回到大埔幫忙父親經營的竹筍工廠。當幾年後發生這樣的遺憾，大家的心裡都蒙上層紗，有些話到嘴邊，就再也說不出口。

「彩貞，我等一下幫妳預約下週三的診，妳的情況需要持續治療。」

「葉醫師，沒關係啦，我不太方便來這裡，再看看好了。」

「怎麼了嗎？」

「喔，就……不方便。」

「這樣嗎？沒關係，那妳每週三和爸爸在家裡等，我回大林慈濟前先過去幫妳治療。」

彩貞微微抬起了頭，希望的眼神稍縱即逝。她在術後得長時間臥床恢復，也讓肌肉逐漸萎縮，身體緊繃、僵硬起來，我可不能坐視不管。

「我可以直接到家裡幫妳治療，不會花太多時間的。」

總是，我意識到彩貞心裡有個結，至於是什麼則沒有頭緒。她的傷太嚴重，復原的路很漫長，但沒理由要放棄吧。

一個禮拜後，我如常地上山看診。五點多為最後一位病人拔完針，剩下的善後整理就交給品妃。

我箭步上車，開出醫療站後往右轉，爬上幾十公尺的上坡後左轉接臺三線，約莫一分鐘內就來到張大哥家門前。我的車頭還沒切進門口，兩隻大黑狗好整以暇地以低沉有力的吠聲迎接，直到張大哥喝止才垂下尾巴退到牆邊。現在是製筍的休息期間，偌大的廣場上空盪盪地，一旁的工廠裡圓滾滾的發酵筒染上這天將盡的餘暉，是退去鮮豔調子的粉紅。只消眨幾次眼，白天折騰人的炙熱太陽就完全下沉到山的背面。

彩貞手術後回山上，已經在家裡躲了一個月。

說「躲」？其實，躺在床上動彈困難的她沒法靠自己出門。

上週是張大哥夫婦苦苦勸說下才勉強到醫療站來試試看。難怪幫她預約下次門診時，她早打定主意要拒絕。

他們引著我來到房裡，低矮天花板上的日光燈兀自地亮著，白濯的光線讓任何情緒都難以遁形。不過，彩貞低迷的情緒裡，至少是自在的，沒有在醫療站顯得退縮的眼神。

「我會好嗎？以後還能走路嗎？會像正常人一樣嗎？」

我告訴她骨盆重建手術後的復原需要時間。只要妳不放棄，我們一起努力試試看。

這一天，我在彩貞全身上下扎了至少三十針。盡可能釋放緊繃的身體，讓肌肉有慢慢恢復的機會。若是要攀登玉山，那此刻是從登山口出發的當下。

「還好嗎？會不會痛？」

彩貞的臉龐不自覺抽動著。那是對針灸痠麻反應的緊張感。此刻，她像個滿身是刺的刺蝟呢。

「妳休息一下。」

隨著張大哥退回到客廳，十幾分鐘後再來拔針。

「葉醫生，實在不好意思，你看一整天病，還讓你這麼忙。」

「你別這麼說，是我該做的。」

「一定是老天爺眷顧，上輩子燒好香，我們三番兩次都遇到貴人。」

「怎麼說？」

「你看像我太太，一身的病痛，得要穿鐵衣，雖然四處找醫師，但我實在不知道下一步怎麼走。要不是遇著葉醫生，真不知道還能怎麼辦。」

「你才是我來大埔看診的貴人啦，到處幫我宣傳。」

「葉醫生把鄉親醫治得很舒適，這是我當然要做。」

倒進熱水約莫一分鐘，張大哥拎起長年讓茶水潤漬成深咖啡色的陶壺，在水盤上順時鐘畫了一圈，為我眼前的小杯斟滿茶。金黃的色澤，一股香意隨冉冉而升的熱氣飄散。

從泡茶的客廳望向外頭的製筍工廠，還有每到製筍季人車雜遝的廣場。我知道都是張大哥幾十年來日積月累，一分一毫掙來。

「張大哥你雖然沒讀書，但真的很厲害，出入大埔都要經過你的竹筍工廠。」我一直很敬佩他赤手空拳打拚出來的世界。

「葉醫生，茶要趁熱喝。說真的不怕你笑，若不是以早老闆牽成，我自己可不一定能有現在的事業。」他搖搖頭說。

年輕時的他像頭什麼都願意拖磨的牛。在日常有什麼做什麼的雜工中，期待七月來臨的採筍季。當割完刈完頭筍後，每隔四、五天可以收一次，最多到十二水筍，鄉裡通常收到第九水，可以一直忙到近十月天。

在日夜尚未轉換、星子還未消逝之際，張大哥帶著刀、一鑵水就開始在竹林裡穿梭找筍，約莫一公尺高的竹筍從泥土裡竄出，在頂端抽出的四片葉子，正反射著從林葉間透進來的日光。

起早是避免太陽慢慢升起後，當筍尖因日曬而呈現綠色時，會讓味道變苦、纖維質變粗。

張大哥砍下比半個人高、又重的竹筍後，得儘快依著工廠對加工需求的大小剝殼、切段，分裝在不同的竹籃內，裝滿了就把一百多斤的籃子扛上背，雙腳在如溜滑梯般的坡地抖著一路下到筍寮，就這樣反覆進行直到中午才能喘息、用餐。過程中只有上工時準備的水可喝。

受僱於加工廠外，張大哥夫婦曾嘗試運新鮮的筍子下山賣。當天還沒全亮，他們已揹起麻竹筍編織的竹簍穿梭在山徑中，裡頭裝滿幾十支約莫四、五十斤重，風味甘甜又口感清脆的新鮮竹筍。四、五個小時後，當水庫如鏡面的深綠水面完全隱沒在山的另一頭，那山腳下最近的貨物集散處人聲，漸次清晰起來。

下山賣筍，來回得十個鐘頭，那般為生計而幾乎沒有設限的耐受力，很難想像。也許當讓環境逼到底時，人總能試著燒腦發展出應變機制。大埔古早時的生活很苦，老一輩用鹽巴醃製來保留竹筍的鮮脆，又能延長食用的期限。至於對鄉民彷彿是場惡夢的水庫，鄰近山坡上冒出的竹筍在土壤與天候的特別加持下，好品質難有敵手，「深山筍」的美名讓這偏鄉有全國產量第一的名聲。

靠山吃山的人們融入先民醃製竹筍的智慧，成為烹飪的美味搭配。張大哥說在我到醫療站服務前，大埔筍乾的品質可是好到外銷日本，成為拉麵畫龍點睛的配料。不然，山上的交通不方便，大家得為新鮮的農產應變才活得下去。

山下餐桌上的美味，有著窩居都市的人所難以想像的辛勤投入，包括血汗，以及一輩子的健康代價，而張大哥夫婦倆的部份都要被計算在其中。

張大哥說以前刈筍一天賺不到買一斗米的錢，如何能從從工人變成老闆呢？

「遇到貴人呀！就像遇到葉醫生一樣。」

我覺得，應該是天公疼憨人吧。每個人都有各自的因緣，這對從小幫忙家裡養豬、大學讀畜牧系，然後莫名成為一位中醫師的我來說，有非常深刻的察覺。你總得要心裡相信，才會有不畏懼挫敗，仍堅持做下去的力氣。至少我相信和大埔人間的因緣，需要自己在退休前全然地投入，用每週一次的門診去實踐關於付出的意涵。

刈筍幾年後，張大哥以對筍子品質拿捏所累積的經驗，開始承包山裡的筍乾好讓商行的老闆收購。有天，老闆稱讚他很會買筍乾，並邀他當出工不出本的股東，這一年的農曆年，家裡收到老闆送來的白米。

他難以忘懷到第二年時，手中捧著三十萬元的激動心情。

張大哥邊做邊學幾年後，決定揮別老闆的美意，靠著自己的積蓄、借的錢去買地、蓋房子。他放掉收購筍乾的輕鬆活，回到筍乾製作的原點。當每年十月開始，房前的空地上撲滿從黝黑巨大鐵槽中取出已完成乳酸發酵的筍子，在連日陽光的沐浴中逐漸褪去七成的水分而散發著黃橙橙的色調，這時他終於可以放鬆些，慢慢消化連續幾個月收筍、製筍的辛勞，以及，在秋末微風與滿眼盡是金黃中，感受與這片土地的連結。

也許，當嫁到山下的彩貞決定回來幫忙時，張大哥的歡喜應該不亞於當年自立門戶的心情。只是，一場在幾秒鐘內發生的碰撞事故，卻可能帶來難以挽回的改變。

「葉醫生，這次換我女兒，無論如何都要拜託你！」

「別這麼說，只是，彩貞現在煩惱什麼呢？」

「唉，她根本不想來看病，也不讓朋友來家裡。才幾秒鐘而已，好好的一個人就被撞得……」

原來，彩貞對自己的傷勢感到無能為力外，更厭惡別人議論紛紛的眼光。

「可能做歹事才受傷？真的有辦法復原嗎？」

她也憂慮著，為人海派又正忙著發展事業的先生、需要照顧的小孩，天呀，原本和樂幸福的家庭在一夕間就變得自己都不認識。

想得多了，找不著離開迷宮的路，放棄便成為最直接的選項。

「不想治療！被撞成這樣要怎麼活下去？」

張大哥說，彩貞從回到山上後就很沒精神，提了好幾次不想看病、能不能放棄算了。

手錶的計時器響起，提醒回房裡拔針的時間。我快速地拔完，彩貞一副如釋重負的模樣。

「葉醫師，謝謝。」

我在離開前交代著，現在要留心不要讓彩貞躺太久，怕會有壓瘡。還有避免靜脈血栓和肌肉萎縮，還是要幫她多活動。

「好喔，了解。」

「葉醫生，外面雨很大，這陣是雨季，請你由楠西下比較安全。」大哥說。

「葉醫生，這兩罐高山茶，別棄嫌。」

「張大哥，這我可不能收。」

「唉，葉醫生，我泡茶你不喝，送茶你也不收。」

為了讓大哥安心，我決定往臺南的方向回家，在雨季中，往中埔的路段比較容易出現落石，或是攔腰斷落的樹枝。

至於那肯定好喝的高山茶，我則是很堅定的說不能收。

後來，他們夫婦倆會在我回家時準備山上的蔬菜、水果，則讓我難以拒絕。

「我曾經摔斷手，整個手臂彎著，以為再也伸不直。」

去張大哥家成為每週的固定行程，轉眼間已是六個月後、新的一年悄悄開始。彩貞雖然錯過去年尾聲的製筍期，但她已經能自在下床、慢慢走路，去看廣場上晒得金黃的筍乾，雖是扭著臀部，走得不那麼自然。

中醫治療需要病人更有耐心，以及對醫生莫名的信心吧，尤其遇上如此重大手術後的漫長復原。

我說出國中時代的糗事想給彩貞鼓勵。那是我在操場旁的單槓區，充滿自信的一蹬，雙手上槓。試著擺盪兩、三下後，我一鼓作氣要做次逆時鐘的大車輪。結果，才轉了半圈就重重的墜落地面。

手臂斷掉的地方在三個月內長好了，但明顯有不正常彎曲。我直覺一輩子就是這樣了，卻不認輸的想辦法用自己的方式挽回局面。當開始能騎車去明正國中上課時，我會刻意把彎曲的那手，拉著單車手把，盡可能的伸展、拉直。

「現在，沒人看得出我的手有什麼不對勁。」

我告訴彩貞，刻意地去調整和訓練，的確有助於回到原來的形狀，這也是我正在對她努力的。

一次、兩次的手術能讓重創的骨盆回到受傷前的位置，只不過，彩貞得要重新適應身體結構的狀態。我能做的就是慢工出細活，用推拿、針灸一步步解構掉她緊繃僵硬的身軀，讓曾萎縮的肌肉再次恢復過來。

當七月來臨，到張大哥這裡來交新鮮竹筍的小貨車，開始絡繹不絕，彩貞走起路來，就如我那看不出彎曲的手臂，迎向新的人生。

更準確地說法或許是，拿回原本屬於自己的生活。

「戲棚下看久也能學會怎麼演，葉醫生你放心啦。」

其實，到張大哥家幾次後，他就趕著要我下山，說是天黑了，或是，外面下著雨的開山路很危險，他們也過意不去。我想想也就順著他想要幫忙的意，讓針灸治療時間到了後，由他自己為女兒拔針。

總難想像的是寡言又不怕吃苦的張大哥，卻在幾年內遇上妻子、女兒陸續發生狀況，鐵漢也難免有鬱悶、感到脆弱的時候。在醫療的過程中，讓原本手足無措的家人也能參與，能幫上忙，而非只是無能為力，張大哥一定最能感受女兒愈來愈輕鬆的變化。

我想，這也是種心靈療癒的過程吧。

和張大哥合作的鄉民每天會在中午、下午兩個時段來交貨。每輛小貨車的後車斗上能放上四、五個大籃子，放滿裁切好的新鮮麻竹筍。到工廠後，每個重達兩百臺斤的竹籃都得靠人力扛下車，再開始加熱殺菁來避免品質變化，接著會放入可容納好幾個成人的大型發酵槽中，展開竹筍乳酸發酵的微妙變化旅程。

要到成為產品、上桌，還早得很。當竹筍在七天左右發酵完成而滿溢著自然酸味，就到了近一步揀選、修切，然後到廣場做日光浴的最後階段。

從開始收筍的兩個多月後，從秋末進入到冬天，張大哥家門前的廣場上又將晒滿筍乾。

當大地上轉為金黃，發酵後的竹筍水分達到百分之二十五到三十的標準，張大哥就要盼到一家來年安穩生活的保障。

也許，最難處理的往往不是病症本身。你有答案了嗎？

二〇一六那年，我在大埔的中醫針傷門診跨過第十三個年頭。在診間裡最初認識的六、七十歲的阿伯和阿姆，已來到八、九十的遲暮，但許多人仍然身手猶在的打工、做農。我想像著，也許在自己設定的退休年紀前，有機會照顧到他們百歲呢。

始料未及的是，我收到最後通牒。

「葉醫生，外面有健保局的人，說要請你出去一下。」

「嗯。」

我幾乎是用鼻子出氣。上午的門診才過一半，品妃去診間外招呼病人回來後，緊張兮兮進門。每次來都搞神祕。就讓他們等吧，先看診比較重要。

「葉醫師，你都怎麼保持那麼好的精神？」六十多歲的病人還沒坐定就急迫問著。他一臉倦容，臉色像大雨前的烏雲密布。

「我就是固定時間睡覺、練功、飲食正常。但不一定吃多好，自然就會有精神。」

「唉，我工作時間不固定，又好多事要煩惱。」

「會覺得胃脹嗎？」

「有時候會。」

「頭頸這邊會緊繃嗎？」

「對，不舒服，會有點暈。」

我幫大哥把脈，右手，再換左手，接著再摸頸部。

「摸起來，扁桃腺在發炎。」

「本來會咳嗽，這比較好了，但是起床到早上九點又想睡。」

「昨晚有睡嗎？」

「有是有啦，但睡不穩。」

「如果想睡，就睡一下，不要硬撐。脈相上沒看到肝的問題，你等一下可以去掛西醫，驗一下肝、腎的功能。」

到上午診結束前，我右邊的治療床、椅子上總是一個蘿蔔一個坑的沒有空檔。真不想理會健保局的人，因為在山下已聽到些不那麼肯定的風聲。

深吸了一口氣、把情緒安放在冷淡與失禮邊緣的狀態下，我起身拉開門。

原來，外面等候的鄉民已經按奈不住。葉醫生是不是惹上什麼麻煩了？

總是該面對的，不論如何都想努力溝通、拚拚看，說不定那套用在大埔而顯得荒謬的醫師名額規定，能有機會因為鄉民的需要而轉彎。其實，我仍抱著他們只是例行性地來問問罷了，我依然這樣期待。

有兩位衣著筆挺的官員從候診椅起身，向門口這邊點了頭。我提議到復健治療區旁的哺集乳室再談。

「葉醫師你知道嗎？我們至少來你的診間外喝過五次咖啡。」他們先開口。這開場白也太特別。

「是嗎？怎麼來都沒有找我喝。」診間外來了陌生人，就算我沒注意，進門的鄉民也會對我說。

「我們每次來，守在診間外面一個人一個人的算，你的門診量真的很高，沒有虛假、沒做什麼不對的事，很佩服你能在這奉獻那麼久。」

「是呀，我每次看一百多位病人，你們卻只願意給三十五人的醫師診察費，結果成為臺灣偏遠巡迴醫療中最『賠錢』的門診。」

「全國標準都一樣，我們也沒辦法。」

反正知道他們來的目的另有他事，我一股豁出去的衝動，有些話當下不說出來，往後也沒機會了。

他們三番兩次大費周章上山調查，「說不定和一些不良醫院或診所那樣，向民眾收健保卡去蓋，不然怎麼可能看那麼多病人？」

出自於簡單且合理懷疑，實際上居住不到兩千人的山地鄉，哪可能一個診就有八、九十，甚至上百位病人？平常日的西醫門診可都是稀稀落落，中醫有什麼特別嗎？

當他們每次來訪查時，都看到診間內外門庭若市，心裡的疙瘩也就此消失。

想履行對大埔人有中醫的承諾，真的要很多緣分的搭配。對醫師診察費設定人數限制，只要我不在乎收入就好，但醫院內則有另一股來自承辦醫療業務部門對經營成效的壓力，我為此曾被醫事室「約談」。

「葉醫師，既然看診那麼辛苦還賠錢，要不考慮稍微限制門診的量，看少一點呢？」

「真的嗎？你們再算算看好不好，總不能叫大家不要來，他們總是把農作擺第一，對病痛是能拖就拖，這些年好不容易有寄託。」

好險！醫事室申主任在幾天後打電話給我：「葉醫師你就繼續放手做，也是功德一件。」

幸好再加上每位病人五十元的掛號費，中醫門診可沒賠錢。一整年下來不只打平，還讓醫院增加一千元的收入。

「葉醫師你說的很清楚，我們也聽了。但是你知道，法律就這樣。」官員收起了笑意，略微沉下臉色說著。「現在通知你，中醫鄉巡迴醫療計畫規定一鄉不能有兩家中醫，既然有新的診所成立，你就必須走，與健保局的合約就到今年底為止。」

「是規定沒錯，但鄉民怎麼辦？能不能大家和平相處，我維持週三看診，新診所則是一週其他的日子，這樣對鄉民會更好。」天呀，來真的！到年底？只剩半年而已。

「不行，規定就是這樣。」

「我來了十幾年，只為了大家的健康這樣一個目標，也打算為大埔奉獻到退休，但你們要打斷，要我自己放棄，我很不甘心，但我會和鄉民說為什麼不能再幫大家看病。」

「那是你的自由，我們管不著。」

走出哺集乳室，來看診的鄉民簇擁上來，裡頭還有前任鄉長、張大哥和淑慧姐。「真的嗎？怎麼可以走？我們以後怎麼辦？」大概是聽到剛才房裡模糊的對話而紛紛緊張地問我。

「緣分吧，也許有機會再相遇。我會努力看到最後一天，幫大家轉給新的中醫診所。」我看著說。

「葉醫師你要老實說，你是不要來？還是不能來？」淑慧姐突然出聲。我從未看她如此地嚴肅。

「這邊是我的家，怎麼能夠不上來……」

「健保局是看我們不起，我要來連署，葉醫師你等著看。」平常寡言的張大哥像頭充滿鬥志的雄獅。

我默默的退出變得憤怒的人群，回到診間看完最後幾位病人。

回到山下後的心情始終反反覆覆、壓抑著。我回想著每一句對話，真沒變通的辦法嗎？不甘願、想不通。

或許，「老天自有安排」，能為堅持上山看診這事下個簡單的註腳，也最容易安慰到自己。但山上的人呢？我的承諾，瞬間顯得可笑。

隔天回到大林看完門診，我憋了一上午的話，回到中醫部的辦公室找葉家舟部長求援。

葉家舟是中醫部部長、中醫內科主任，大家都叫他「葉部長」。練過少林、詠春，還曾跟著武術團去香港謁見詠春拳的大師葉問。前些年，以葉問為題材的電影上映，部長看完後覺得主角甄子丹在電影最後一幕，詮釋葉問在家中翹著腳的模樣還蠻傳神。

他現在專精陳氏太極，我則投入南華太極的教學，有空時會和他對練幾招。

「還記得十多年前，勸你跟我一起出走到苗栗的為恭醫院打拚，省得在這裡被人折騰。」葉部長沒等我抱怨被要求停診的事，逕自把時序拉回好久以前。

「真是常被那時的主任找麻煩，他真的很怪，連你在看診門診時，都能上門要求下個月必須停診。」當年他和我都是住院醫師，他在週六上午的門診量可以到六、七十人那麼多。

「對呀，病人聽完和我都傻眼，等主任走掉後還問我下個月怎麼辦。但你比較厲害，用加掛的方式直接找病人來看，非常 free style，不像我選擇直球對決！」

「離開了也好，你才一年就在為恭當上中醫科主任，把門診量拉了起來。當院長請你考慮回大林服務時，也都快要拿到博士。」

「像你還在這邊苦熬住院醫師，幸好有可以上大埔看診當寄託。」

「確實，當年被主管欺負的很辛苦，上大埔也是大家眼中的苦差事。但我因母親是慈濟志工而想要進慈濟服務，怎能說退就退。」

「十幾年了，雖然很傻，但很佩服你。」

葉家舟從苗栗回來一段時間後，曾帶著家人跟著我上大埔好幾次。「真的很遠，但對中醫還不錯，環境也很好。」他也說萬一回大林服務又不順利，說不定可以考慮在大埔開家中醫診所。

就是呀，大埔環境的美與人情的真，沒得比的。

他也動過腦筋想要加診讓我別那麼累，只是公會不同意讓不同的醫師開診。要不要換別人去跑？我說，還是由我堅持照顧到最後吧。

「其實，你不是也想過，萬一自己年紀大了、沒辦法時，也會有交棒的時候。」

「嗯，確實想過在大埔服務到退休，就像聖馬爾定有醫師在阿里山服務二十五年那樣。」

「也許，這是好不容易能鬆手的時機呢。況且，又不是你自願要走的。大家都很辛苦的在支稱著大埔。」

「我懂。但有些事真的不是說斷就斷。」

「這樣吧，我們試著從醫師公會、中醫全聯會去努力看看，希望他們幫忙往上反應。」

我和部長間有個祕密。

我從陽明大學生物研究所畢業後，努力準備出國留學。隔年當部長從臺灣大學病理研究所畢業後，邀我一起報考學士後中醫，目的是要去解構「不科學」的中醫，就是要踢館的意思。

結果，館沒踢成，我們都一頭栽進中醫的世界，轉眼就是當下。

中醫曾在西方醫學引進後，遭逢劇烈的挑戰，不科學，甚至影響現代化發展的罵名。從民國前的清朝到近代，中、西醫間的論戰不斷，中國著名的作家魯迅、老舍和巴金，都曾把中醫視為這古老國度所有問題的典型而批判。包括我們在內，相信很多人都會有中醫好像不太科學這樣的刻板印象。

中醫不科學？抑或是，科學還無法解釋中醫呢。

葉部長的觀點可不同了。反正我們在大林這些年拒絕妥協，持續努力做中醫科學化的研究，來這邊的住院醫師學習醫術，更把攻讀中醫博士成為基本目標。當立法委員還在質疑中醫走專科醫師是亂七八糟時，我們已走在專科醫師的路徑上。曾經，醫界仍在看內科、兒科、婦兒科與針傷科的過程時，我們已贏得院方支持去整合到腫瘤、風濕免疫、神經與身心醫學各個領域。

儘管，院裡的中西醫整合腫瘤會診量是全臺第一名，但依然不被醫界重視，甚至懷疑如何有這般成績。

只要是對病人好的，我們就做。若說中醫團隊在大林這些年的寫照？該是選擇一條人蹤稀少，卻值得堅持前行的路。

三天後，張大哥打電話來說已經準備好五百人的連署書，就等著我上山。

五百人？

怎麼可能呀。我心裡盤算著，實際居住的鄉民不到兩千，還有許多爸媽在山下工作，把孩子托給山上的長輩照顧，而村落間都讓山巒、水庫隔得好遠，這連署的難度也太高。

那種長年山居刻苦生活鍛鍊出的耐磨性子、哪有什麼能再失去的迫切感，我能體會，但即使有連署書，能改變什麼呢？法令頑固如山！

「你們現在有空，就去街上的新診所看看吧。」

又是另一週門診的開始，我為病人把脈診斷、開藥，試著勸每一個人。那診所租下熱鬧街上的屋子，很快就掛起招牌看診。聽說房東被鄉民抱怨竟然租給外人，害葉醫師被趕走。

「我只能做到今年底喔，但每週三會盡量幫大家看。」

「葉醫師，你真的要走喔，再想想辦法啦。」阿伯一臉困惑。但眼中依然帶著應該會有機會吧這般的神色。

「現在有新的中醫師一週六天可看，想想也不壞啦。」我說著。卻覺得心跳快了些。

請病人到治療區準備針灸時，張大哥推開門探了頭，下一秒幾乎是蹦到我眼前，像準備要送人神祕禮物般的喜不自勝。

「葉醫師這個給你！我們五百人的連署書，這樣你就可以拿去和健保局說大家都要你留下來。」張大哥鏗鏘地說著。他把手上厚厚的一疊紙送到我眼前。

「張大哥，你真厲害，跑很多地方喔。幫我謝謝大家，你們的心意很溫暖，我不會忘記。」

「是鄉民大家幫忙，分頭去，只要有在家，一個都沒漏掉。葉醫師，我們給你靠啦。」

我當下想的，也許就是這樣吧，無力回天了。只是張大哥整個人都熱呼呼的，反讓我更覺得感傷，想起十二年前他來到診間拿出金牌要送我的那一刻。診間的桌椅、治療床都沒變，但外面的環境已悄悄地換了模樣。

「真的不知道該怎麼辦。」

「葉醫師你看，我們兩三天就簽好連署書，只要有心，一定可以克服啦，對不對？」

午休時，一如往常吃著品妃準備的食物。心裡五味雜陳地翻攪著上午對大家講的、大家對我的鼓勵。

這十多年來只要遇上看診的前一晚，品妃就開始盤算著菜園裡哪些菜可以摘了。通常兩道蔬菜、一鍋筍子香菇湯，帶些家裡醃的醬筍，還有，葉醫師喜歡吃辣，再準備些手工的辣物。

「對了，我等下想去公所找鄉長，先謝謝他的照顧，再問問是否能幫忙爭取轉圜的機會。」

「每個村都開始有些反映，大家都擔心葉醫師不來了。」

「還有，想拜託妳過兩天去新診所掛號看個病，探探那邊的情況，如果服務不錯，我也比較放心。」

我沒放棄，但心情上的確像被擊敗的失落。

回到山下的醫院裡，面對大家的詢問、關心，幾乎就是朝年底結束看診的方向進行著。

葉部長幫忙打電話給嘉義市的學長，他是中醫師公會的理事長，也是中醫保險委員會南區的主委，支援阿里山看診。我去拜訪過中醫巡迴計畫的執行者。後來，部長也在中醫全國性的會議、健保部門討論政策、法令。

彷彿經歷一場難以翻盤的期末考。

葉部長在對外的「口試」中動之以情侃侃而談。「大埔經營得非常不錯，從農民、鄉民代表到鄉長都找葉明憲。你們看有腦麻的病人，不只照顧她，連母親、家人和生活都在做介入，而結果對病人是好的，不是把醫療拉在第一位，而應該是病人，以及病人的心理。」

「有些疾病到醫院只能做有限的治療。」部長說，「現在不是推中醫家庭醫學嗎，中醫就像是住在海邊，什麼都管，是很居家的醫學，而葉明憲在山上給病人和家屬身、心的照顧。他看到病人背後的問題，並且獲得他們的信任，都是典型的中醫要做的，而非在病房和西醫競爭誰比較有效，應該是很棒的醫療典範。」

大概沒人會反對醫病之間長期建立的情誼，怎能說斷就斷。有委員提議不要限制一鄉只有一家中醫診所，結果朝向放寬到以村為醫療區的單位。

接下來六、七月分的門診，我持續試著把每個病人都轉診。看診人數變少了，從往常的百人降到七、八十人。

心想著，還有三、四個月可以慢慢地和大家說再見。

「我不要去。都要我們買藥，漢藥店一千三的參仔鬚，那邊要賣五千。」張大哥來診間抱怨著。

「不會啦，那邊還可以推拿、針灸。」

「葉醫生，我那天被請去公所和健保局的人說話。」張大哥幫忙大家簽名、蓋章連署，還被鄉長請到公所和健保局的人對談。

「是嗎，說了些什麼？」

「我就說大埔是偏遠地區，很不方便，有中醫後對我們的影響很大。若是取消中醫，大家很可憐。」

「那健保局的反應呢？」

「他們講一個鄉不能有兩個中醫，我馬上說怎麼可能，曾文水庫擋在中間，幾個村與村離那麼遠！很不方便。」

「看你平常話那麼少，你很會說喔。」

「他們也這麼說，但就是實話實說呀。」

「唉，真為難你，連署也是你帶頭衝。」

「他們走的時候說規定就是這樣，而且已經有新診所，再要求葉醫師留下來會讓他們很難做人。」

「確實，就算我走了，鄉裡還是會有中醫師。」

「葉醫師，事情還沒到最後你不要洩氣啦。」

「說的也是。」

「他們說會回去研究看看，我就再提醒了，大埔的年輕人沒工作都外流，這裡老人比年輕人多、生的比死的少，所以更需要人照顧。你們想，少年的不在家，老人家放在家裡這裡痠那裡痛的也不行，葉醫師把脈很準，對我們又親切、好脾氣。他每次來都好忙，我針灸完都小聲跟他說謝謝，他都會回答『謝謝』，所以我就是盡量不去看病，把機會留給別人。」

原來如此，還以為他是健康寶寶。

難怪我對他來看診的印象那麼少，仍殘存的是十多年前他歪著脖子走進來，為他放血那回。

「有因緣，就繼續付出。萬一不行，不要太強求。」

聽著證嚴上人的開示，我浮躁的心靜了下來，彷彿能聽到針落地的聲音。藉著回花蓮的機會，和上人分享大埔遇到的情況，為什麼醫院沒辦法賺錢仍願意付出，竟不被接受，覺得很不公平。

因緣果報是什麼，當努力過了，該學會隨緣不強求。即使我有十分的心，想做守護大埔人生命的磐石而不可得，那麼就盡量在僅剩的時間內去付出，知道自己的願是什麼，但也要體會時機與因緣道理。

「恭喜葉醫師繼續留任
祝福
大埔鄉民賀」

我停好車，正捧著一箱中藥進醫療站時，大門旁的牆壁上貼著約莫全開大的紅紙，上頭方方正正的楷書，那墨色黑得發亮。

低著頭、微笑著的我試圖穿過每一張熟識的面孔走進診間，真不好意思呢。

送金牌、拚連署，連恭喜我留任的祝福，都是張大哥的主意。至於被邀請寫書法的林樂堂大哥做農維生，自成一格的書法寫遍鄉內的婚喪喜慶各種活動，他也是我的老病號。

大哥說，連署的時候，好多人想到年底看不到葉醫師時，就邊寫資料邊流眼淚。現在總算放心了，好多人看到貼在門口的紅紙後，又哭了。但這次不只哭，還有笑喔。

其實，直到十月多申請下個年度的中醫巡迴醫療計畫，我才知道情勢逆轉。天呀，能繼續待在大埔看診。葉部長說，總之就是上面創造一個新的法則，不再限制一村只有一家中醫診所。後來，在嘉義縣的溪口鄉也援用大埔的例子。

聽說，那位曾在我第一天看診時，拍我肩膀，說要我照顧他家鄉人的那位立法委員，當接到鄉長的陳情後，幫忙從國會辦公室發文給健保局。

唉，我認命地試著請病人去新診所，結果竟然是鄉民們不死心，成功挽救我想在山上看診的願望。

在這回健保風波以前，我總以為只要有心，就能成為黑夜中點燈的人，說不定能幫忙大家直到退休為止。而原來，即使平平淡淡的幸福，也需要用盡力氣去拚搏。

五年後的這一刻，與大埔的因緣不息，我仍每週上山看診，健保給付也陸續從三十五人增加到七十人，到去年則已全部給付。

前些時候，我又看到醫療站門口貼上大大的紅紙，看到時只想假裝沒看到衝進診間。結果被大家攔截下來，硬是在紅紙前拍了合照。真像過年拍家族的團圓照。

「恭喜葉醫師榮獲博士學位

祝福

大埔鄉民賀」

不意外，又是張大哥和林樂堂大哥聯手的傑作。只怪我太太在臉書上分享我的博士論文證書，而她的網友之一是大埔鄉長的另一半。一人知則大埔鄉親知。大家開心的在醫療站門口貼上「榜單」，還從大門延伸到樓梯下的路上，放了長長的一串鞭炮。

「我們大埔有博士來服務喔！」

至於張大哥，他說筍桶扛上扛下做不動啦，明年看看，該退休了。

「現在年輕人不做啦，不然其實很好過。」

國家的林班地不收租金，只要肯出力，願意流汗，就會有回報。別看大埔處在嘉義縣的深山林內，鄉裡麻竹筍的品質好到外銷日本，成為日式料理上美味搭配。只是後來日本受泡沫化經濟的影響，改向大陸買低價的竹筍製品，但那品質哪能和大埔比呢。形勢總是比人強。

彩貞幾年前和先生下山，在中埔鄉靠近高速公路交流道附近開餐廳，生意還不錯。對張大哥來說，靠著自己白手起家養活一家人，真要感謝總是準時長成、等待收割的竹筍，儘管門前的廣場有天將不再有小貨車進出，偶爾想到就覺得感傷，但只要子孫健康，生活有依靠，做什麼都好。

4

雙葉

我不適合說什麼噁心的話，

讀大學時遇到家舟，除了我們都姓葉，

其他從出生地、生活和成長的環境、修練的武術派別，

甚至會讀書的程度，都顯得南轅北轍而不該會有交集吧？

總之，

從小被爺爺要求讀《三國演義》長大的我，

若沒遇上熟讀百科全書的他，

現在屏東最具研究精神的專業豬農應該非我莫屬吧。

「反正，我決定要去英國讀博士，會比較有錢啦，以後支持你做研究！」

「天呀，你都考十一次托福沒過關了，還不趕快死心。」

當我信心不滅地對葉家舟訴說留學大計時，沒想到，他毫不猶豫狠狠地潑我一頭冷水。

從小航向世界去探索未知的壯志，並未因考上文化大學畜牧系而終結。我從研究所畢業、服完義務役後，就全心全力準備托福、向國外學校提出申請。

從大三開始就幾乎和我形影不離的家舟，三番兩次勸我務實些、和他一起去拚學士後中醫，但那是我壓根沒想過的領域。都老大不小的年紀，難道還要從頭學起，而且是毫無頭緒，甚至不太「科學」的領域。

留學革命尚未成功，我欲搭乘航向世界的船已然載浮載沉。

八十年代初，為大學聯考苦讀三年後的我，終究沒擠進嚮往的第一志願中山大

學海洋生物系，又因為在成功嶺服大專役時，讓連上的長官選進國慶日的閱兵連，在光輝的十月慶典中，以高貴的姿態在總統府前踢正步。當換下軍服回文化大學報到時，早錯過和同系學生一起分配宿舍的時間。

我考上位於陽明山最高學府的畜牧系。當時的大學聯考錄取率只有細如門縫的百分之二或三吧。

沒機會和系上的同學同住，我僅能在外人不易理解的哲學系宿舍中勉強分到一蓆之地。住在同一樓的還有入選國家代表隊的棒球隊成員。很快地，因為我總不認輸的加入室友的辯論而被封為「畜牧系哲學組」。

都是老天的安排吧，我此刻服務醫院的中醫部部長葉家舟，也就是我的「老闆」，就住在當年宿舍的隔壁寢室，那時的他已一身功夫了得，還拿到一堆跆拳、柔道的黑帶。總是服裝筆挺的他還真有些「黑道頭子」的味道，彷彿隨時都要挺身去處理事情般。他就讀的海洋生物系，很接近我的夢想。儘管，那是他選填志願時的失誤所致，不然他應該能擠進成功大學生物系。

「我們家裡養豬，你能考上畜牧系也好，就別重考了。」

父親的話為我下一階段的努力目標定調，媽媽也覺得不錯。葉家這個大家族雖然出過當校長的爺爺、做老師的母親，但我有記憶以來，每個人都得參與農作、養牲畜來補貼家計，就算當警察的父親休假回家時也得幫忙。

一九七九年當我讀國中時，爸爸聽從爺爺的建議用幾千元的代價買下屏東麟洛溪旁約四甲的高磧地，凹凹凸凸的地面上滿布大小不一的石頭，望不盡的蓮霧樹，以及一座魚池。若遇上大雨則會看到水從河道慢慢淹到腳下。儘管如此，這裡能發展的空間大，又離我們就讀的國中、高中近，是父親現實的積蓄與爺爺理想間的折衷。

在新家蓋好前，爸媽住在碎石地上現成的房子裡。說是房子，其實比較像工具間、倉庫的模樣。至於我和哥哥、弟弟就一同住在離「家」幾十公尺外的豬舍旁。

從我有記憶開始以來就會幫忙照顧家裡養的雞、豬、羊，而對家計幫助最大的莫過於擠羊奶的收入，媽媽會帶去學校賣給懷孕的同事。三合院的空間畢竟有限，父親到新「家」的首要任務就是蓋起約莫有八十公尺長的豬舍，然後依傍著豬舍蓋的工寮則暫時充當我們三兄弟的房臥室兼書房。他跑去高雄港那一帶的拆船廠找來書桌、上下鋪的木頭床，清一色的白，曾飄洋過海到過數不清的港口呢，晚上沉入夢鄉時，彷彿有悠長的汽笛聲響起，伴著忽高忽低盤旋的海鷗。

很快地，父親蓋起第二座豬舍，比第一座足足多上兩倍長，從頭走到底得要幾十秒。

一直到我考上大學為止，每天清晨四點起床讀書，兩個小時後和哥哥、弟弟拿棍子趕豬、清洗豬舍。做完本分事才能洗澡、吃早餐、帶母親準備的便當，跳上腳踏車，沿著屏鵝公路飛馳去六、七公里外的學校。與豬為伍多年又考上大學聯考丙組最後一個志願，莫非命中註定要「臭味相投」下去。

說真的，勉強排在「孫山」前兩名，至少能進大學的喜悅讓我當下並沒有特別難受。雖不是設定的第一志願得以實踐到世界各地研究的夢想，但我已苦讀一千多天，而屏東中學應屆畢業的七百多位學生中，能通過聯考這煉獄般磨難的並不多。在那彷彿為考試而生的年代裡，許多學生在挫敗後選擇走進補習班再蹲一年。

只不過有些事在你經歷、思索後，會慢慢感受好像哪裡不太對勁、這樣下去真的好嗎？這是上大學後漸漸有的體會。

「沒關係，以後都讓我來掃吧。」

當年我對畜牧系最大的貢獻，就是在同學面面相覷時自告奮勇接下清理系上飼養動物糞便的任務，包括我最熟悉的豬朋友。

高中時，我曾幫家裡清過豬舍角落塞住的化糞池。記得我穿著雨鞋、從腳到胸前綠色的防水青蛙裝，再套上長及手肘的橡膠手套，緩緩沉入高及胸前的濃稠與惡臭交雜中。站穩步伐，我微彎著，好讓雙手盡可能地接近池下的排放管路，有幾分鐘的光景，我的臉龐緊臨著池子表面，大氣都不能喘一口。至於家裡那幾百頭豬產生的排遺，才叫壯觀呢

吾少也賤，故多能鄙事。我總覺得這句話拿來形容自己好貼切，大家在實驗時

都用得到動物，卻對清理實驗過後的屍體、飼養中的清理工作嫌髒，避之惟恐不及，唉，有什麼好大驚小怪。

從國境之南的城市來到另一頭的首善之區，我就是個黑亮、精瘦、蓄著三分長髮的庄腳孩子，沒半點自信，更別說女孩緣。有回坐車到公館，下車後在羅斯福路上遠遠瞄著兩行高聳的椰林搖曳，過了大半個小時，仍沒勇氣踏進臺灣大學找屏中的同學。於是，我走回站牌搭車回陽明山。那時的我有些自卑感作祟吧。

但老天總是悄悄地為你開扇窗。開學後校園裡一路排開的社團招生，劍道社攤位上的學長對著我招手，像黑夜中微弱的拯救訊號，根本就是為我們這些年輕氣盛，一身用不完力氣的小伙子設計，那時我們團練完後可以再去大仁館旁的操場做蛙跳一整圈，足足有兩百公尺長。

每當系上的課才結束，我提起背包就往劍道社練習的場地衝。清一色男生的社團裡，在威嚇的嘶吼聲中，練出讓人聞之喪膽的殺氣。至少我們是這麼以為啦。從頭、喉、胸、兩肋到手，處處都是攻擊的重點。走在校園裡看到樹叢間飛舞的蝴蝶，還來不及思索莊周夢蝶的真實或虛幻之際，已將手掌化為利劍，在迅雷不及掩耳中結束蝴蝶短暫的一生。嗯，就是「殘」的代表。

我在大三時成為劍道社長，帶隊參加一場全國性的大專盃比賽。團員們在五對五賽制中連續打倒二十三名對手而拿下冠軍。我想，沒有女生敢靠近我們這群臭男生是很自然的事。

我在社團的意氣風發，竟因一次意想不到的事件而消風。至於引發事件的主角，他的身影在三十年後益加清晰。讓我先從「畜牧系哲學組」的封號講起。

入夜後，文化大學的校園裡兀自矗立的路燈，昏黃的色澤染上偶爾經過形色匆匆的面容。宿舍裡則是截然不同的世界。

「中華隊與日本鏖戰到九局下半，雙方四比四平手。現在兩出局、滿壘，日本隊打者已站上打擊區，到底投手能順利解決打者逼近延長賽，為臺灣拿下進軍洛杉磯奧運的最後一張門票……」

體育主播情不自禁拉高的音調，我的心臟彷彿溢上腦門快喘不過氣來。這天，取代宿舍內平時為辯論生命意義之類主題的劍拔弩張，一群以哲學系學生為主體並夾雜著其他科系的我們，正緊盯著螢幕為文化大學棒球隊的大棒子趙士強、王光輝加油，更為中華隊進軍奧運集氣。

那些年打開電視後，只有臺視、中視和華視三臺能選擇，不像現在頻道爆滿卻沒太多好內容的有線電視戰國時代。聽說當晚的電視轉播的收視率直到現在都未被打破，連晚間新聞的黃金時段都用來直播。國際性的比賽總被賦予特殊的意義，

「投手投出了，打者猛力一揮，啊，是往一壘方向的高飛『必死球』，看來十拿九穩……」

鎮守一壘的趙士強跑了出來，雙眼緊盯著飛球、舉起手套。隨著主播高亢的聲音，在宿舍的我們已經開始歡呼，韓國的球場正飄著雨，想必將混合著為勝利喜極

而泣的淚水。

約莫幾秒鐘的光景，在三壘日本球員因兩出局下率先起跑，早一溜煙踏進本壘板，而趙士強的雙腳竟在難以意料中打滑、摔倒，有著紅色縫線的白球應聲落地。那一瞬間肯定全島都哀號聲四起，目送日本隊帶走重要的一勝。

韓國隊已在前一年拿下世界盃冠軍獲得奧運門票，這屆亞錦賽中有五國要爭取打奧運唯一的門票。中華隊在這一場落敗後，得先贏韓國，再爭取與日本加賽的資格。有媒體說阿姆斯壯踏上月球的一小步是人類的一大步，而選手這一摔形同葬送放眼奧運的希望，因為要連勝實力相當的韓、日實在太難。

棒球是圓的，比賽沒來到第二十七個出局數，輸贏很難講。這聽來十足激勵鬥志卻不易實踐的話，中華隊竟在兩天後的關鍵戰役中，一天內逆襲韓國、日本而拿下奧運門票，勝利功臣除了單日連投十七局超不思議的郭泰源，當然，還有上演王子復仇記的趙士強。他在對日本的九局下半、雙方都掛蛋的膠著中上場打擊，竟一棒把球掃出全壘打牆，瞬間從戰犯變英雄，他扭轉背負「罪人」的壓力，也滿足臺灣人的民族情感抒發。

趙士強漏接的那場比賽，回選手村搭電梯時剛好遇到日本選手，對方和他說謝謝。而在取得奧運資格的最終戰後，趙士強把擊出全壘打的球棒送給日本隊的投手，並對他說：「謝謝。」

歡慶勝利的聲響破窗而出，劃破寂靜的夜空，我們這群宿舍單身漢的集體記憶再添一筆。從亞錦賽中發現人生不也是如此，沒戰到最後一人出局，可別放棄上場打擊的機會。

前面提過我的室友是一票哲學人，而前來串門子的科系可就熱鬧了，有市政、法律，還有讀海洋生物的葉家舟，他和我的好朋友住同寢。

「你們都該按照法律條文的規範。」有一次，讀法律系的同學開始背起法律條文，然後對我們說教起來。突然，我們眼中的「黑道頭子」家舟，語氣鏗鏘地說：「你講的條文我都不知道，為什麼一定要照這個條文走，好像你訂了我就得做。」原本熱烈的辯論場子顯得異常安靜。

法律是為人訂的，有人的時候你會遵守，往往在沒人的時候就沒人遵守法律了。

他說，但神不一樣，在很多人的時候你會尊奉神，當神不在的時候，你還是會照著神明給你的規定做，因為舉頭三尺有神明。

說也奇怪，到底他出生在什麼樣的環境。經幾次寢室辯論後，家舟繼我被封為「畜牧系哲學組」後，他也多了「海洋系哲學組」的封號。

下課後的校園從冬眠中醒來。我和團員勤練劍道時，常和一旁國劇組吊嗓子的學生在吼聲中爭鋒，家舟則獨自練傳統武術的拳法，也會使劍。說真的，我看不懂他練什麼，也不敢太接近。

「我說你們劍道社，練了應該也沒用吧，根本打不了人。」

「什麼？哪有可能像你說的！」

那時家舟很瘦，小小一隻的他口氣卻很大，不知怎麼地對我們嗆聲，或者只是說出他心裡的感覺啦。但大家可是練得一身精壯，打起來虎虎生風。說我們打不了人也未免太傷自尊。

接下來，宿舍裡的人放下手上的書、停止對話，一副期待雙葉對峙如何發展的模樣。

「算了，算了！劍道、中國武術各有勝場，別爭了。」我趕緊找個臺階下。不爽歸不爽，我沒想和他對上，因為我曾看過劍道社的學長被其他人慘電的經驗。

幾天後，家舟直搗劍道社，說是想要試試看這領域的奧妙。只見他單手就拿起船槳劍，在空中比劃了幾下，然後作勢要砍練習用的假人。真的、假的，那木劍可是實心的。我心想要給我們難看也不用這麼勉強自己吧。那劍足足有一公斤，竟然想用一手來耍帥。

約莫一眨眼的功夫，在衝入耳膜蹦的一聲中，他手中的船槳劍在與假人碰觸的瞬間，毫無懸念的爆裂。

「說真的，我看你練劍就知道很厲害，但我就是雜學，什麼功夫都東學西學的。」雖然他這麼說，但目瞪口呆的我打心裡覺得中國功夫果然不能惹呀，也開始思索著自己該學點真正紮實的功夫。

不過，我要到取得碩士學位後才有機會遇到傳授南華太極功的師父，總算有脫胎換骨的機會。

斷劍事件後，陸續聽家舟聊起自己的雜學之路。以現在的標準，他應該是學霸型的學生，書讀得好，課後生活更精采，真不是只知讀書、幫忙家裡農活生計的我能想像。

他從國中開始練合氣道、拳擊。不過，拳擊社在一年後被強制關閉，原因是老蔣覺得拳擊太暴力了，得禁！失去工作的拳擊社師兄只好到海外謀生路，還在日本一路拚到蠅量級冠軍。

後來，竟讓家舟遇到一位隱居在臺北的大師級人物，便開始走向少林拳法之路。但身為入大師門下的最後一位弟子，所受到的待遇也很奇特。

「你去參加學校裡的社團，空手道、跆拳道、柔道，全都要。」家舟不敢違抗老師的要求，但他不懂為何練武前都得先跑步，然後比劃在學校練的招式，這時老師倒是會幫忙修正。直到家舟取得空手道這些項目的黑帶，老師才點頭願意讓他開始練詠春拳。

從詠春初級的套路「小念頭」練起，家舟下課後就到老師家裡，反覆地熟練集中於肩、肘與腕的十七個基礎招式。然後接著練中級的「尋橋」與高級的「標指」，融會這從上到下全身各部位運用的拳法時，便進入打木人樁、與人對打的階段。爾後，家舟的老師讓他向一位徐老師學陳氏太極，又與幾位從大陸來臺灣的拳術老師請益。難怪瘦小的他總是看來一副不可侵的氣勢，能把劍道社的船槳劍打爆，看來僅是他的暖身動作而已。

一九六二年在美國西雅圖華盛頓大學停車場的一個角落，掛起「振藩國術館」的招牌。李小龍向學校租場地開班教拳。後來他以飾演蝙蝠俠電視劇中的配角加藤出道，很快成為電影明星。五年後，李小龍在洛杉磯的國術館中確立自創的截拳道名號，而因為是以武術大師葉問的詠春拳為本，讓少林、詠春連帶受矚目。家舟觀察李小龍用揮拳的短勁去贏別人，試想兩個人同時揮拳，當然是揮拳路徑最短的先打到對手，這也是截拳道的基本。

「對你真不好意思，因為我那時並不真想收你做學生，我們師徒一場的事就別對外頭說了。」一準備讓兒子接去美國安養的老師說出隱藏許久的話。即將高中畢業的家舟覺得被打擊，但至少解開之前的疑惑，而讓他釋懷的是確實有學到功夫。

老師是傳統南少林的俗家弟子，受到李小龍自由格鬥觀點的影響，既然眼前有想學武的年輕人，何妨放進自己的試驗中。這也是家舟納悶為何要先去學現代拳術？而每次練功都要戴拳套對打，是老師想藉由他去瞭解現代拳術是如何展開攻擊。而隨著在外的修煉有了基礎，老師總算肯讓他學中國功夫。不用斟酌那個形式，否則就難以跟他們對戰。

李小龍的年代已逝，如今大半年輕的人對傳統武術的憧憬，該是受到持續拍攝續集的電影《葉問》所影響吧。好些人看完甄子丹在電影中演出後想學詠春拳，於是把腦筋動到家舟身上。葉部長，何不開班教拳呢？面對科裡住院醫師的期盼，家舟說現在的身分並不適合。

詠春的每個武館庭前都會掛上一個「仇」字，但我們可是在慈濟醫院裡當醫師救人呢，實在會讓人感到衝突，還是不教的好。

「反正已經有葉明憲在教太極功，中醫部有一個人教就夠了。」

大學宿舍的生活條件差強人意，在各路英雄好漢在此交會的刀光劍影中，有因為誤會或擦槍走火而形同陌路，但也有像我與家舟這票號稱「文化五劍客」，成為一輩子的死黨。和我同班的瑛桂，擔任劍道社的副社長，還有讀畜牧系的阿哲、市政系的光昇。幾年後，瑛桂先考上後中醫。五個人的革命情感在日常辯論、打橋牌、走山，許多不起眼的點點滴滴裡積攢而成。

家舟拆過我們劍道社的招牌，到大三時又出招。對著把準備考研究所放在嘴邊的我們當頭棒喝。

「生理研究所有陽明、國防醫學院，或者是臺大動物研究所也不錯。」在宿舍打橋牌時，我提到對未來的想法。已經到大三準備拉警報的階段，聊起來才知道大家都有未來的盤算。

「你要考生理所，那生理的東西，知道怎麼準備嗎？」家舟打出一張牌，突然板起臉問著。

「那，那個，當然就是和生理相關的呀。」我讓他這麼一問給震懾住，像打籃球被對手盯死一樣。

「你說說看第一章要讀什麼，有什麼規則嗎？」

「嗯？第一章？這個，就是……」

「哎呀，一問三不知，這樣你考不上啦！你先去準備看看，再和我說你的讀書計畫。」家舟說得直接，真不給人臺階下。

「當然啦，沒問題。」我只能硬著頭皮說。

未來難道只能過養豬、殺豬的生活？其實，到畜牧系第三年時，我只有遠離的念頭，轉換到生理這類的研究所彷彿成為一種救贖。至於該怎麼準備考試，根本沒認真想過。而家舟這學霸在大三就修完課程，原本計畫提早畢業，幸好有系上的助教提醒畢業後的兵役問題，至少會在軍隊裡耽擱兩年。他決定留下來多玩一年，除了平常修法律、藝術和劇場表演三門課外，其餘的時間分配在準備病理研究所，以及和我們打橋牌與玩樂。

據他說，過去這年裡只念考試項目中的生化，原文書喔，而且是接二連三的總共讀完十三本原文書。他很喜歡文化大學這樣念書壓力比較小的環境，反而能讓人體會很多事情都是要靠自己努力，若只是接受別人幫助，是不可能會有方向的。

慢慢地，宿舍裡辯論的聲音變少了，倒像是研究所的家教班，由家舟化身為我們的小老師。

他拿起鉛筆在斑白的牆面上畫起醣類代謝流程，嘴裡喃喃有詞。我們就跟著在旁邊記錄、思索，不覺中就記在腦袋裡。雖然我們要考的研究所不同，但準備科目間有類似的部分。在他的刺激與帶動中，我可是卯起來準備，像是必讀的 Guyton，我可以第一頁的圖表背誦到最後一頁。

原來我並不笨！這大概是準備考試中最重要的發現。當一年後迎接研究所放榜的結果，從陽明和國防讓我擊出完勝的全壘打，爆棚的信心難以言喻，也意識到在大學聯招中幾乎吊車尾的我真能好好、認真讀書，並且努力思維，這都拜「小老師」的啟發。

不過，幸運之神顯然分身乏術去眷顧每個超級努力的人。家舟沒能擠進難度超高的臺大病理研究所。我不知道要怎麼安慰自己心中的強者。他全心的努力換來一場空。

「沒騙人，我真的上過放牛班啦。」家舟說起讀國中的這段經歷時，宿舍裡可沒人相信。

他出生在臺北市古亭一帶的眷村，有回吞不下被老師誤解的委屈，雙方起了衝突。結果他被氣炸的老師扔到放牛班，從此變得自暴自棄。那時父親忙著軍方的工作，母親則從不擔心向來會自動讀書的兒子。

現在年輕的孩子大概都在學校課外活動中看過法國電影《放牛班的春天》，電影中的學校有個水池底部的外號，收的學生大部分是難纏的問題兒童。也許是受到「放牛吃青草」這俗語的影響吧，在臺灣進到放牛班就意味著幾乎和升學絕緣，被貼上標籤。

後來，放牛班裡出現戲劇性的轉變。有個學生是黑道大哥的小孩，他看不慣家舟無所謂的模樣，有天拿出藏在書包裡的小刀架在他的脖子上，雙眼瞪得比牛眼還圓。

「你爭氣點！未來班上只有你能上得了大學，一定要幫我們出口氣。」

如果沒有同學當頭棒喝，以家舟的背景，說不定現在會是什麼讓人望而生畏的狠角色，而他青春期日記的精采可不只如此，簡直是臺灣那一段晦澀時期的縮影。

家舟無法選擇地出生在眷村的竹籬笆內，一如我出生在屏東的客家三合院的大家族裡。

已化為近代歷史灰燼那國民黨與共產黨一路糾纏的內戰，仍以各種面向不留餘地的改變原本在臺灣，以及戰敗退守而來的許多人的生活與未來，至今未休。而這些人中，包括在從日治時代迎向臺灣光復的客家人葉家，以及被迫離開大陸來到海峽彼岸陌生島嶼的江西「外省人」葉家。

家舟的爺爺在故鄉裡是出名的實業家，身為錳礦公司的董事長，把兒子送到上海讀大學，在當年可是非常稀罕的事。隨著共產黨擊潰國民黨軍隊而逐步往南攻城掠地，待人公正且留餘地的爺爺在共軍占領後開始被清算、入獄，終究抑鬱而終，而不到一年的時間裡，奶奶也走了。隨著父親被託孤給三舅帶離大陸，宣告一個富饒大家族的沒落。

跟著老蔣退守臺灣的舅公是官拜少將的高官，在仁愛路上租棟上百坪的日式房舍，拉開木門就是綠意盎然的庭院。家舟小時候常被父親帶去那兒，像是遊樂場的玩耍。那時從兵到將，哪個人不是至誠效忠蔣總統，存著要不了多久就能反攻回祖國河山的夢，故鄉和家人都在對岸等著，何需在這裡買房子呢。誰想得到一耽擱就是幾十年後的光陰如梭，當兩岸開放交流後，髮蒼視茫的提著大小行囊回到故鄉，淚灑爹娘墳上的黃土。

「沒有工作，就去當兵吧。」三舅公半勸半推的讓家舟的父親去讀政工幹部學校。位於北投復興崗的校區，在日治時代是座競馬場。幹校就是後來政治作戰學校以至國防大學政治作戰學院的前身。舅公覺得既可呼應老蔣退守臺灣後的「三分軍事、七分政治」論調，畢業後能在部隊當輔導長、政戰官，往後成家立業都不用愁。與許多眷村的叔叔、伯伯有類似的發展。家舟的父親原本像沒根的浮萍飄飄盪盪地，從軍則恰似在風雨飄搖中找著避風港。

相繼在海軍、陸軍政戰部門服務的父親，後來調任到「警備總部」，這聽來讓人不自覺揪眉的部門，是家舟成長中無法一刀兩斷的元素。

警總在臺灣發布的第一號命令就是「臺灣省戒嚴令」。是臺灣當局八大情治系統之一，從入出境管制到文化審查、郵電檢查、電話監聽等幾乎無所不管。身處再怎麼清朗的天空下，仍會讓人覺得烏雲罩頂。

「警告你們，在門口看到有東西，說什麼也不准打開。」

父親在總部裡服務的政五處是主管全國軍隊福利品採購業務的大肥缺。有天家舟放學回家，腳踏車還沒放穩就看到門前竟有自己喜歡吃的「掬水軒」，外表鮮豔的餅乾盒擺明就是要引人嘴饞。當他扯開封住圓蓋與盒身半透明膠帶，一打開就拿起香酥的餅乾吃起來。

到了晚上風雨變色，家舟先被父親臭罵一頓，又被支到門旁罰跪。父親拿出層層疊疊的餅乾後，盒底鋪滿了綠花花的鈔票，那是廠商想偷偷摸摸疏通的錢。

那年頭軍公教的待遇不若現在，家舟的父親不收廠商的東西，努力維持這個四口小康家庭的安穩。

父親曾因工作而有一次特殊的經歷，竟與推動臺灣民主的旗手擦肩而過。「看到他時，一副很氣憤的樣子。」家舟的父親回家後描述著。他被警備總部的長官指派前往景美的看守所，「關心」被囚禁的施明德。

「換成是我，也會覺得氣憤！」想著父親是因為在這樣的工作位置上，家舟吞下幾乎脫口而出的想法。

警總以前就是很黑、非常黑，很可怕的單位。家舟曾說過，即便那是父親工作養家以至於退休的所在。那打從內心莫名的恐懼，是源自於和幾位高中同學親身的歷險。

高中時期的家舟有文青魂上身，他和幾位同學在老師的指導下熱衷於中文創作，散文、評論，甚至寫詩與歌。有位同學的哥哥認識音樂人梁弘志，會幫大家送作品過去請他指導。

家舟的作品曾獲得聯合報編輯的青睞登上版面。但說來奇怪，他們逐漸歸納出寫散文容易上報，但議論性質的文章則幾乎都會夭折的結論。

有天，這群文藝少年陸續讓警備總部請去談談關於在校園刊物上發表批評政府的文章、新詩。

歷經一群面孔嚴肅的大人們馬拉松式的交互詢問，身心困頓的家舟始終答不出讓大人滿意的答案，畢竟，不知道的事情要怎麼坦白。

後來是家舟的父親出面做保。以後千萬別再做這些傻事，從現在起專心讀書準備考大學，不准再寫。有位被約談的同學沒上大學，警總的大人不時地去他工作的場所關切。聽說他後來遠離臺北，在高雄港的碼頭上做勞力活的小工。

至於原本會跟著家舟的「黑歷史」，想必也在父親的奔走下一筆勾銷。

在臺灣戒嚴解除前的民主黑暗時期中，警總如同人民集體恐懼總和般的存在，作為政治服務的殘酷冷血機構，任何與執政當局意見相左的表述都有欲加之罪、難以預料的後果。至於家舟與同學們的反對政府作為的文字，不過是驗證著民主、自由的普世價值可超越政治上的意識型態，而家舟這一群早期的文青們，只是多了些白目的勇氣。

一部電影中總有各式不同的角色串連而成，而在歷史的舞臺上，你、我恰逢其時而粉裝登場，願或不願，幸與不幸。在說起我與家舟認識的開場前有提過，我們不僅來自南、北不同的成長、教育環境，甚至，有來自上一輩不同的族群文化、看待歷史的觀點，以及所受的不同磨難。但說實話，那些變數從來沒在大學宿舍裡率性與毫無遮攔的年輕生命中造成太多漣漪，卻是在我們出社會工作，從大型選舉中見識操弄意識型態的高明手段，在不斷累積的政治勢力中，終究賠上族群裂隙的代價。

家舟始終記得的是父親數十年不變的正直印象。因著父親的工作而聽聞關於施明德在看守所內許多外人難窺堂奧的第一手故事。

一個炸彈爆了，結果上面的山頂整個垮下來，引爆點那一帶的人全死了。父親隨著工作調派得長時間離家，帶領政治犯參與中部橫貫公路的開闢，家舟才知道這條被喻為鬼斧神工的路，確曾交織許多臺灣人的血淚，並不只是官方歷史中選擇性的記載。「你看到山上那邊有沒有黑黑霧霧的，那就是在下雨，你要小心下完雨後大洪水來。以前開路時，整隊的人被沖走。」

我們並肩坐在陳氏墓園外的水泥欄柱上，感受海拔四百公尺擾動耳膜的風，汗濕的背脊開始有股暢快涼意。瞭望腳下一覽無遺如棋盤的的臺北盆地，想必依然是車水馬龍的喧囂，在這一頭的山上則像播放默片，如果彼此不語，就只有自己的心跳聲。「你們看平等里，就半山腰陽明國中那邊，像是有條線把天空一分為二」。家舟興致盎然地說著。「線以下是淡淡的灰色，肯定是汙染物質籠罩，那條線以上的天很藍，對吧。」

「難怪騎車下到士林時，就開始覺得頭暈，不舒服。」我應和著。一隻身上有黃褐色圓點的白貓懶洋洋地走近，自顧地靠在家舟的腳邊，綣起身子睡下。

到大四這年的尾聲，總算熬過轟轟烈烈的研究所考季。七月五日是我要到陽明大學生理研究所報到的日子，家舟則不確定何時會收到國軍義務役的兵單。在向大學生活告別、投入山下混沌中的空檔裡，我們三天兩頭就往附近的山裡跑，目標是走遍學校周邊的陽明山系。

陳氏墓園是過往蹺課放空的地方，從大倫館為起點，經過網球場後再轉入一條兩邊布滿芒草的小路，幾分鐘內看到用水泥建成的墓園牌樓，約莫兩層樓高，往右走一段路就到了，在這之前還有學校創辦人長眠的曉園。

在畢業前的走山行動裡，我們確信達成完爬的目標，其中還順道「潛入」老蔣下令保護的水源地。那天，我們快速地在溪床上的石塊上跳躍前行，這是最快的攻頂方式，而且有消暑的效果。「欸，蛇呀！」跑在我後面的家舟突然放聲喊著。「什麼？」我頓時直覺地僵住。

「你看你的腳下，好像踩到蛇！」

「天呀！」我反射性地彈開。

「死了嗎？身體好像還在動。」

「真糟糕，我踩死牠了嗎？」約莫三、四十公分長，只是小隻的青竹絲吧。我們慢慢地靠近，蹲下身來，看著蛇頭搖搖晃晃地，綠到發亮的身軀浸泡在初夏沁涼的溪水裡。「還好，逃過一劫沒死！」家舟說。「真嚇到我了！」我看著蛇，周遭如人影晃動的樹林。

「原來蛇也喜歡在水裡貪涼，頭還靠在石頭上做日光浴。」家舟說。「還好是踩頭，如果踩到身體大概會被吻一口喔。」

「今天就別再往下走了。」我提議著。

退回到溪邊，深吸了幾口氣，慢慢定下神來後，發現在踩到蛇的溪畔長著八角蓮，大自然的安排也未免太神奇，真是一物剋一物呢。因為決定爬山的緣故，我開始學習野外求生的知識，還記得書上提到八角蓮是治療蛇毒的中藥。在這趟驚奇的旅程中，我們順道繞進水源的禁地。在山上呼吸的空氣超好，還能喝到總統級的泉水呢。

即使在出社會工作多年後，偶爾有和家舟一起上臺北參與中醫的會議或研習，我們會約上山。回學校旁的小餐館吃頓飯，感受眼前來來去去學弟妹的青春氣息，然後開開當年的玩笑來為這一餐調味。從文化大學到後來「意外」成為中醫師，不需被設定成什麼八股的人生勵志故事。事實上，我們在這大學的末段班，感受到前所未有的自由自在，有更多時間去體會、吸收想聽想看的。儘管當時不知未來會如何，但已練就了心志，以及患難兄弟情感倒是肯定的。

大學畢業七百多天後，退伍後的家舟讓我們共同的好友阿哲陪著，在臺灣大學外的麥當勞猶豫著是否要去看榜單。

「反正幹不了醫師，去學病理也好。」他當兵時利用空檔思考著下一步。後來則請同學就近幫忙報名研究所的考試，結果發現有二十五位競爭者，錄取率是最低的二十五分之一。「我在當兵怎麼跟外面的人競爭呢？」家舟曾是我們考研究所的小老師，備考的功力很厲害，只是他對已考壞過一次的經驗感到忐忑。家舟定期跑去成功大學拷貝最新的 JBC 期刊，回到部隊裡邊畫邊記的熟讀致癌基因、基因轉換這類的研究發現和趨勢。

「算我沒膽，別去看了，看了結果也是丟人。」家舟說。「考試的大半都是應屆畢業，應該都很厲害。」拗不過阿哲的鼓勵，起身往臺大走，目標則先鎖定阿哲的畜牧所。來看榜的人真多，家舟避到一旁等著。

「你有上嗎？」家舟問著走回來的阿哲。「我上了！換你去看一下。」「不用看啦，只錄取一個人，太難啦。」結果還是阿哲幫忙去看榜。

「大家都在問，病理所只收一個，榜單上那個人是誰呀？欸，不是你們系的嗎？」阿哲回來賣著關子描述榜單前的景象，有許多報名的人是臺大自個的學生。跌破一群人的眼鏡，榜單上印的名字是「葉家舟」！

接下來，輪到我從研究所畢業準備當兵，而他則要再次進入校園，短暫聚首後又互道珍重再見。

在人生下一步的十字路口上，你如何做抉擇？

像有根繩綁在一起，我和家舟在臺北再次合體時又是兩年的時光流逝，青春像無法回頭的單行道，我們正往三十歲大關、不能太過任性的年紀逼進。

我從陸軍退伍後先在陽明大學做研究助理，後來轉往臺大，維持生活的基本開銷外，並一心一意準備出國念書。家舟則在讀臺大病理研究所的尾聲，真不知道這傢伙想什麼，竟打算去考學士後中醫，這和學習的領域不相關吧，想拖我下水。臺大的老闆在多年後被政黨徵召選上副總統。

「那你為什麼想讀中醫？」我難以理解地反問家舟。當我說要出國讀環保，賺了錢就支持他做研究時，竟被潑了一頭考托福屢戰屢敗的冷水。我承認，想出國的原因之一是許多同學已經飛出去留學。

「大家都覺得中醫是赤腳醫師、蒙古大夫，我想臺大的人多半都不喜歡中醫吧。」

「就是呀，我們是確定要走研究的路了，在臺灣好歹也算頂尖的研究者，怎麼還會去想走進那種蠻荒之地呢？」我想他總該沒話說了吧。

「我在一九九〇年時參與一個基因庫的研究計畫，說真的，都快沒有題目可做，便把腦筋動到中醫的題材。」

家舟說那是專門做維他命A酸治療肝癌的研究，負責計畫的老師說要不要試試研究中醫的觀點，其實他也不懂。沒多久聽到有人要考學士後中醫。「既然研究遇到瓶頸，也很難再有新的突破觀點，而感覺中醫是很神祕的領域，乾脆來做跨領域的研究。」

「是神祕還是不科學呀，遇到瓶頸也不需要拿自己的未來做賭注吧。」

「但一個系統如果要用騙的，要騙兩千年也不容易吧，一定會有些真實、堅強的東西可發現。」

「這樣說也對啦。但一定要考後中嗎，你真想當漢醫？」

「嗯，那倒也未必。就是因為它很神祕，我很想用分子生物學的研究取向來解構中醫，總得先往虎山行吧。」

原來他打著這種主意，想要解構中醫？果然很符合他的風格，但我還是覺得代價太高。

家舟在七月的後中醫考試中敗下陣來，他真沒考運。我呢，仍原地踏步過著研究員與準備托福的日子，抽屜裡堆著超過十根手指頭申請學校 reject 的信函。

「明憲，與其蹉跎時間，建議你考後中啦，考一考看看。」家舟沉寂了一段時間，沒想到一見面又老話重提，還有備而來的端出讀中醫的前景。「就因為中醫沒有科學化，你這樣才有很多空間可以做呀。」說真的，老同學這麼苦口婆心，我並不想掃興：「好啦，給我一點時間考慮看看。」

那時閃過回家的念頭。「是不是該回家幫爸爸養豬，當畜牧師？」畢竟從高中畢業離家這麼些年，混不出特別的名堂。幾個月後到了這年的尾聲，我順利取得畜牧師執照。

「最近後中醫的補習班課程快開課，你明天來南陽街，我帶你去補習班看看、聽聽課。」真不知道家舟是哪來的耐心。「什麼？我不知道有沒有空。」「反正你來就對了，體驗一下課程又沒什麼損失。」

到第二天約定碰面的時間，我還在天母的租房裡賴床，我睜著眼想著要用什麼理由拒絕家舟這不死心的好意。唉，遲到一個小時後，我出現在南陽街的補習班前，家舟拉我往裡走。「我真的不太想考後中。」「看你考托福真的很痛苦，你真的很用心想出去嗎？」

大家可能好奇，我如何放棄出國而轉向中醫之路，其實答案挺簡單的，那就是眼前看起來真的「沒路」了。

要一個人徹底轉念確實需要一些過程。不瞞大家，我在準備後中醫的功課前又考了第十二次托福，至於結果，也別猜了，但真正確認方向的關鍵則和我練功有關。

「我覺得一直出不了國，真不清楚為什麼。」我在口頭上答應和家舟一起準備考試後，趁著和師父練功時問著。「我對氣的體會與感應愈來愈深刻，是不是有因緣？我應該留在國內繼續跟師父學太極功？」「既然如此，你何不去祖師爺面前誠心祈求，感應一下，或是問問看。」

我跪在堂前的祖師爺相前輕聲說著。我現在有個學中醫的機會，其實這和我一直以來學習的領域沒有關係。不過，我在練功中能體會到各種氣與內勁的變化，都是祖師爺給予的教導，我想，在現代社會裡是否有比較好的講法，讓有心學習太極功的人更容易領悟。比較起來，中醫跟我們練功很接近，都是講經脈，不都是一樣的東西嗎？懇請祖師爺給我一些啟示。

我發現以西醫觀點來解釋練功這一塊是困難的，那是否有解構、論述太極功的好方法呢？靜靜地祈求片刻後，打心底聽到一句濃濃京片子：「如你所願。」

農曆年後，我辭去在臺大的研究工作。在壯士斷腕般地沒有金援下，逼自己在未來三、四個月內要全心全意投入考試。

那年的後中醫有八百多人應考，錄取一百人。我記得國文得到九十幾分，這都拜爺爺從小要求看古文打下的基礎；至於英文，那年考試幾乎是直接考托福的題目，我看到時忍不住偷笑著，因為連題目的陷阱在哪裡都知道，最後拿下九十六分。儘管我的生物和有機化學考得遜，但僅靠國文和英文就篤定「如你所願」。

一九九五年九月，我和家舟一起到臺中的中國醫藥大學報到，展開另一段「同居」生活。直到他三十三歲那年結婚後，我們還同在一個屋簷下一年多。在功課上，我專注在記錄身體各種變化的生理學研究，試著以中醫如何解構與傳承祖師爺的智慧，算是中醫的冷門，而他走中醫與微生物免疫學結合的主流，全心要成為讓中醫科學化的頂尖研究學者。

我們這兩個有西方醫學背景卻一心想要解構中醫的臭皮匠，其實在讀中醫的開端就遇上一堵難以跨越的高牆。

滿滿的法則、一定得背的概念、病例。天呀，中醫學習真像要把人訓練成ＡＩ，要自行吸收龐大的資訊、整合與運用，聽說在大陸學中醫得先背誦完「古文觀止」，一開始就鍛鍊學生的記憶力。

在不得邏輯推理大門而入時，還好碰到一位老師點出盲點，我們試著用藥物作用來回推到人的病理、生理如何運作，或者，用疾病來回推病人的生理和病理的特徵。一理通則萬理徹。我們不藏私地把建構好的中醫路徑圖傳授給學弟、學妹，別再只是一味的硬背老祖先留下的智慧，很快在學校裡累積了名聲。那可是我們費上兩三年的時光，一步一步、一個接著一個關鍵的攻克所有的難關。

中醫的天地很寬廣，但各門各派混在一起則讓你不知道什麼是基礎或進階，想在砂石中挑出珍珠，真要費上一番功夫去推敲。

從後中醫的學習開始到如今攜手服務的醫院，我們鑽進這世界的初衷也算始終如一，用西方科學來把中醫邏輯化，讓大家知道中醫對疾病是有脈絡的推敲診斷與治療。當然，沒有他當年雞婆地再三苦勸，我該會走上截然不同的路。亦師亦友亦知己，這是我想得到最貼切的詮釋，尤其，我們未來的日子還有得相互調侃呢。

千禧年的夏天，對我和媽媽都顯得意義非凡。

隨著七月中醫國考結束，包括我、家舟還有其他十位就讀中國醫藥大學的同班同學，順利通過大林慈濟醫院的面試，成為第一屆的住院醫師。

屏東慈濟志工口中的「雲彩媽」，在把為人「付出」當成日常中，為何疲累與歡喜程度成正比？身為兒子的我想探詢這歡喜的成分。

帶著媽媽的祝福與盡所能助人的企盼，我來到嘉義小鎮裡的大醫院展開人生另一階段探索，尤其能期待她來大林當醫療志工的相逢。

哎！把後來的故事發展修正為修煉、磨難與考驗會更貼切些。

醫院從七月二十四日以回饋門診的方式開始營運，到八月中才舉辦盛大的啟業儀式，我看到在證嚴上人見證下，由首任的院長林俊龍、花蓮慈濟醫院院長陳英和聯手在大廳入口處，放下沉甸甸的「守護生命的磐石」銅製牌匾。

熱鬧過後，面對剛起步就處於混亂狀態的中醫科，倒是對我們這群人沒什麼影響，彷彿就像學校生活的延續，在醫院裡跟著醫師學習、研究以外，就是窩在一路之隔的宿舍裡聊東聊西。

「我們應該很受歡迎吧。」家舟自覺是如此。他在住院醫師第一年率先參與西醫的臨床照護，從內科、兒科再到婦科，與西醫的住院醫師與專師一起承擔值班，後來有兩個住院醫師離開。「大概是太累，或是沒想清楚到醫院的目的。」家舟說累歸累，但到西醫繞一圈很有收穫。

「覺得回中醫後可以付出更多努力學習的成果。」他一股想投入的衝勁，和自己已經三十多歲才當住院醫師第一年，以及融合對證嚴上人的仰慕有關。

那天是醫院第一年舉辦歲末祝福的午休時段，聽說證嚴上人在下午場次開始前會走進各科室裡關懷同仁。家舟離開中醫診間往感恩樓方向走去時想著：「一定有很多院部主管跟著上人，我還是閃遠些，免得被說沒事幹嘛到處亂晃。」正接近往地下一樓中醫辦公室的樓梯入口時，突然聽到一句細聲而清晰的問候。

「吃飽沒？」在眾人擁簇下的證嚴上人問著。「喔，剛下診，還沒。」家舟轉過身覺得被聚光燈照著。「快去用餐，別那麼忙。」「好，我知道，感恩上人。」大約一點左右吧，家舟一點也不覺得餓。

第一年巧遇是幸運，第二年再發生幾乎同樣的橋段就是種啟示了。

「這次你吃飽了嗎？」隔年在差不多的時間、相同往感恩樓的走廊上，證嚴上人竟還記得去年那如此短暫約相遇並幽默的一問。眾人笑著，家舟更是笑到心底裡去了。

原以為在民風純樸的農業小鎮裡，我們可以全心照顧病人，有更多的時間去做喜歡的研究工作，但不知道是否沒主管的緣，當我們在第二年開始看門診時，碰上一次次難以理解的考驗。

「你下個月不要排這一診！」主任突然推開家舟診間的門，彷彿沒看到病人正坐著，撂下話就走。病人問：「那我怎麼辦？」家舟氣得說不出話來。他在星期六的門診可以看到七、八十個病人，而住院醫師是領固定薪資，看再多病人也是一樣的薪水。

住院醫師中的氣氛變得騷動不安，持續加熱的水總會沸騰。

「我得走了，苗栗有家醫院在招募中醫師。」家舟說。他身體流著無法忍受不公不義的血液，累積多時的滿腔氣憤正醞釀要離開去外頭闖，只能將對上人的仰慕留在心裡。

「院長室不是有找你談，希望你留下來？」

「談了也沒法改變現狀。」

「也是，我剛答應院長要上大埔看門診，每個禮拜至少有天能離開科裡去喘口氣。」除了家舟，其他住院醫師也一個個選擇離開，和醫院剛啟業的盛況相比，猶如風中殘燭。至於我和家舟繼大學畢業後又一次揮別，我最不願看到的情況還是發生。

一年後，家舟在苗栗工作的醫院當上中醫科主任，門診量增加超過一倍。行有餘力的他幫藥庫寫電腦程式，用來控制預估用量和需要叫藥的時機，把每個月七十萬的庫存降到三十萬。此外，他被健保局聘為醫管組組長，負責輔導健保核刪太多的診所。更讓我吃驚的是他怎麼還有力氣回母校讀博士。

相對於他日子過得精彩，我則繼續當住院醫師。中醫科主任把針對的目標轉移到我身上，任意調動或取消一個月前排好的門診是家常便飯。但只要想到媽媽、慈濟、自我的期待，我沒有像家舟有選擇直球對決的本錢，但變通的用加掛方式，只要有病人來找我就能看診。

「你還真有辦法減少受傷的狀態呀。」

「唉，照顧病人優先啦。」

「我在苗栗的門診量很高喔，不然你來這裡，一定大有可為。」

「別開玩笑，從嘉義到屏東有好多病人需要照顧，別忘了還有大埔的長輩呢。」

「也是，高雄的長輩要你回去開診所，你真該回去？自己當院長多好，何苦在大林受氣。」

「唉，再忍耐看看，事情的變化總是很難說的。」

「你真是道心堅固，一家都是慈濟人，又心繫上人，明明過得很苦還是想守在大林，真拿你沒辦法。」

家舟以氣喘在中醫的治療作為博士論文的主題，拿到學位時，同學們開心地向他道賀，根本看不到他的車尾燈啦。而他則帶著猶豫的口吻，說是在一場研討會中遇到久違的林俊龍院長。寒暄幾句後，院長單刀直入：「等你博士畢業，要回來大林嗎？」家舟楞了一下，不知是出於禮貌或是潛意識的回答：「好！」彷彿篤定會得到滿意答案的林院長露出他招牌的美式風格微笑。「太好了，就等你回來。」

像飄蕩在外的小孩，繞了一圈後還是回「家」了。我敢這麼說是因為十多年後的今天，我們兩個葉家的根已深入大林肥沃的土壤中，包括安身立命的家以及下一代。

「我們西醫喔，五年一小改，十年一大改，二十年課本都不一樣，你們中醫是千年不改！」

一位臺灣醫界大老的感嘆，讓家舟印象深刻，把旁人的指教當督促自己成長的養分也不賴，更何況他和我都曾是不了解中醫甚而妄加論斷的臭屁小伙子。

不過，家舟說中醫不是千年都不改，而是改變得很慢，你可能一輩子都碰不上一次中醫的演進。「就像養小孩，外人都覺得怎麼長那麼快，但父母卻覺得還好。」

中醫不科學？我的想法則是中醫用氣來解釋身體的各種變化，要如何解構並成為從科學人的角度能理解的領域、上得了檯面，當然不能只是寄望別人莫名的尊重，一定得想辦法、要扶起來。

雙葉在大林慈濟再次合體，我們固然開心能就近開啟好友模式，但隨著前方的障礙漸次開朗，伴隨而來的是只能成功的壓力，其中交會著彼此對中醫的使命以及經營的現實，任誰都在坐看家舟這個人有何能耐，能帶著這些若即若離的團隊走到什麼地步。

家舟回大林後，在醫院開設兩個門診，並接下斗六慈濟診所的中醫門診主任，試試經營身手的水溫。幾個月後，他把每月一千人次的門診量提昇到一千五，現在則維持在兩千五到三千人次。隨著他正式接下大林慈濟中醫部主任，火力全開想把這裡拉高到不同的檔次。

「睡醒了為什麼仍覺得疲勞？」

「因為沒睡好。」

「沒睡好的原因是什麼？」

「可能是呼吸的困難。」

「那呼吸困難又是什麼？」

家舟對學生連番提問，像是閒聊、玩遊戲般，他們得快速的思考與應對。呼吸困難是中醫的氣鬱症，特別是早上起來感到疲勞，所以要對症治療睡醒後的問題，如疏理肝氣，把氣疏通開來就能睡得著、睡得好，絕對別做補虛幹嘛的。

從臨床上看診的技巧、問診的方式，再到如何處理針灸單來確保申報收入，都是家舟指導與帶起團隊的方法。他更逼著大家把博士當標準配備。今年的中醫部就同時有六位博士班學生，看診之外，更全力迎向中醫科學研究的挑戰。

至於我這個部屬兼老朋友的角色，自得全力配合家舟，並且盡可能的帶頭犧牲。在緊繃的時間中再攻讀博士學位，自然少不了我一份。

對內嚴格外，我們帶頭勤跑演講、參與人醫會到偏鄉的義診，逐漸在慈濟志工與社區民眾建立名聲。遇上慈濟基金會規劃的海內外義診與賑災，家舟鼓勵大家往外走，這些年的足跡跨上非洲、菲律賓、泰國、緬甸、寮國。

中醫科在進入第五年後，總算穩定下來，並隨著多面向的發展與任務而調整為中醫部。

「你還在山上嗎？都五點多了。」家舟想著我這時候應該已經從大埔醫療站下診。盤旋的山路上，電話彼端的聲音勉強能辨。「我現在要下來，怎麼了？」

「沒事，天黑了，要小心。」

「我知道，等下回醫院先去病房看病人。」

「好，再說，別開太快。」

在山下醫院裡有個老朋友在當家，讓人有種特別的安心感受。有幾次，當他興沖沖來到我診間外，只是想說幾句話、分享厲害的點子，但總得等上二、三十分鐘。他說：「難怪病人這麼愛找你。」我笑著抓抓頭，「是嗎，我沒特別注意時間。」

我在大林第六年後終於升上主治醫師，家舟請我當針傷科主任。他說：「你喜歡突破，而陳柏全主任知道正統，像天平的兩端保持平衡，能給我很好的意見，就這樣讓中醫部的格局定下來。」

我不知是否有創下當住院醫師最長時間的紀錄，反正這就是個堪忍的世界，尤其當你心中有個願望時，就不用去鑽牛角尖。常聽長輩說緣起不滅，再次印證家舟肯定是老天派來、天使般的角色，在我每一段陷入困境中帶來啟發。

「上山十多年，你年紀也不小，醫院的事情這麼夠忙，要不要換年輕的醫師去？」

「再看看吧。」其實，當住院醫師輪到針傷科學習時，我會帶他們到大埔的門診去體驗。

幾年前，臺中慈濟醫院中醫科的宜哲專程南下好幾回，跟著我跑了幾趟。「原來，執行偏鄉義診很重要，很有意義。」後來他回臺中申請難度最高的梨山醫療服務計畫，從醫院出發到中橫那頭可得花上好幾個小時。

兩位醫師、兩位護理師，再搭配兩位慈濟志工，陣容完整的醫療隊伍每月兩趟，每趟為期雙日的看診服務，儘管持續好幾年，但每次的服務量總不及大埔中醫一次的門診數。

「你知道為什麼嗎？」家舟好奇地問。

「也許，除了服務時間間隔比較長外，他們沒辦法安排固定的醫師上山，也不容易建立與病人的交情與信任，這和大埔每週都由我看診是最大的不同點。」

「也是，但都是固定的醫師上山，想必很累人。」

「確實真的很累，但在山裡面作事就是要持續的做，才能做得好，大家都在旁邊看你怎麼做。」

對於年輕的醫師，與其強迫他們怎麼做，總是先以身作則，少些規定、多些鼓勵，相信有機會盼到願意主動投入的新血。

「你們西醫要是不檢查，可以看出有什麼病嗎？」

有一年的農曆年前，我和家舟回花蓮靜思精舍，輪到我們從中醫的觀點分享一些想法後，證嚴上人這麼問著。在座的有執行長、幾家慈濟醫院的院長。這顯然不是問我們，但有點冒冷汗的尷尬。「中醫把脈一下，說的狀況和你們檢查後說的差不多，有什麼可以處理的現在就先處理……」

說真的，接下來幾天裡的心情有種被認同、對大環境吐口怨氣的暢快感。儘管，對於「中醫不科學」的批評與挑戰，完全不是能放鬆的時候。

西醫的問法則不太一樣。他們看著我們煞有介事的把手指放在病人的手腕上，低頭靜默且口中唸唸有詞著。「你把什麼脈呀？脈？不是都一樣！」唉，真讓人哭笑不得，但這也不能怪他們。

家舟做過這樣有趣的比喻，就像剛開始看到外國人時，大概只能辨別出白人、黑人。然後你長大接觸多一點，大概會知道這位是美國人、那位是歐洲人。若是有機會去國外生活，比如去美國，你會察覺明顯的不同，甚至能分辨出紐約或是德州人吧。「人本來就會有所區別，只是看你要不要重視其中的區別點。」

肺能生血？西醫曾對「不科學」的中醫提出這般的觀點嗤之以鼻。不過是肺部在換氣中把氣接到血紅素裡而已，怎能亂講肺能生血什麼的。也難怪，當愛因斯坦提出相對論時，學術界裡大概沒有人不罵他，因為那時被信奉的是強調絕對時空觀念的牛頓力學。至於和相對論一起被視為現代物理學兩大支柱的量子力學，最早提出這觀點的愛因斯坦到離世之前，都被認為是荒謬的理論。後來經過物理學家的努力發揚，讓量子力學從根本上改變人類對物質結構及其交互作用的理解。

直到幾年前，有科學家藉由老鼠的實驗中發現肺不僅有呼吸的功能，更貢獻牠體內一半以上的血小板，還和骨骼合作造血，並在骨髓的造血功能受損時送出造血的先驅細胞。這項重大研究結果刊登於國際著名的學術期刊 Nature。

真相大白了嗎？「……上注於肺脈，乃化而為血。」兩千多年前的戰國時期，中醫最早的理論著作《靈樞》中就提已提出。

家舟總說往往只是科學不夠進步、還沒能力去解構中醫。隨著近代科學研究的進展才得以證明肺能生血，不再只是中醫的「胡言亂語」。其實，中醫學認為血液的生理與心、肺、脾、肝、腎都有密切的關係，對於血液疾病的治療自然得做整體的考量。「血……蓋其源源而來，生化於脾，總統於心，藏受於肝。宣布於肺，施泄於腎，灌溉一身，無所不及。」

今天的我們還是依照《黃帝內經》書中的理論去談事情，讓人覺得中醫千年不變好像也沒錯？但它的確有在改變，每個世代的學者都嘗試著提出觀點，我們也同樣要努力用科學的方法去研究，讓它更容易被理解與接受。如果不參與、不提供意見，當然看不到改變。

「當開始被罵時，就是開始改變了！」家舟揶揄自己曾有的經驗。

「這樣說也有道理，但應該還沒有人會罵我？」

「你想得美，之前發表的ＡＩ系統已經聽到有人說你：『就是要用人工智慧取代中醫師，意圖毀滅中醫。』」

「好像也是，人生就是這麼無奈！這可是和中正大學一群師生花十五年的研究心血呀。」

「別管人家怎麼說，只要是對中醫發展有幫助還是要堅持，對吧！」

二〇二〇年的年底，家舟陪著我和中正大學資工所林迺衛教授在醫院大廳裡共同發表「中醫門診輔助系統」，訊息陸續在平面、網路媒體曝光，有很多的讚美，但批評總是必然相伴的常客，適用於任何人、事、物。

接下來的日子裡，中醫診間外開始安排志工指導候診的病人滑手機。先加入醫院ＬＩＮＥ＠生活圈的好友，再從掛號選單中點入系統，然後耐心地用幾分鐘填寫螢幕上的症狀問卷。當病人一寫完就隨即得到驚喜的回覆。系統中的人工智慧能依著病人填寫的資訊，進而從六十七種中醫證型中分辨出個別的體質、病因，以及相應的衛教與養生方式。

喔，這不過是ＡＩ進行中醫辯證好戲的開場！中醫門診輔助系統和院裡的醫療資訊系統連結，意味著在病人進診間前就能掌握病情、處方建議，讓我們有比過往多出百分之四十的時間餘裕去關照病人的身、心變化，追蹤治療的改變。這樣對病人也很公平，他們能掌握相同的資訊，在與醫師討論中進一步了解自己疾病的成因、如何用藥，一起確實的解決病症。

得感謝與我十五年磨一劍的中大資工團隊，我們不離不棄地彼此折騰超過五千四百個日子。在研發的前幾年，試著以人體的體質與食物配方為基礎來發展中醫的養生系統，但結果總是差強人意。河中摸索石頭的經驗累積多了，我們思索以中醫診斷學應用在研發更具臨床意義的中醫辯證資訊系統，前提是得先從多達一千兩百五十四種內科症狀下手。症狀查詢、字詞搜索症狀，繼而到廣泛的全身性症狀問診方法，都得建構在未曾想像過的系統中，讓民眾能以手機、電腦，沒有環境限制的輕鬆使用。

「因為AI沒有見解、沒有主張，但你給它什麼規定都能執行的很好，重點是它不會自己決定。」家舟說著。他從年輕時就是電腦程式專家，還因此在服海軍義務役時輕鬆許多，我實在想不出有什麼他不會的。「用機器看病、取代中醫師，別開玩笑了，我怎麼可能設計一個自我毀滅的裝置。AI是輔助的工具，讓我們有可能更細緻入微的看病人。」

「改變需要代價，倒是對這套系統的下一步，有什麼打算。」

「我想強化這套系統的語音功能，只要說話就能鍵入資料，讓大家使用的意願更高。還有，現在醫院有長照、居家訪視，還有我們固定的義診，我想藉著輔助系統讓社區的人，即使沒來醫院，也能享受在醫院的門診服務資源。」

「證嚴上人前段時間在談『真空妙有』，我想過，不是為自己創造什麼東西，而是想替中醫界做些什麼。」家舟認為我們漸漸走出一個新的東西，而中醫向來發展的歷史是立體的，每個時期的演進都與當代有關，ＡＩ介入中醫門診，恰可提供一個為何如此改變的反思。

「真空妙有，也要注意『妙有』中產生『真空』。」有天，證嚴上人特別提醒著。我思考過《道德經》中的「摶氣至虛，能嬰兒乎？」與佛教的真空妙有相應呢。在真空中，我們把握當下持續地學習，若不能產生新的能量，就像電用完就沒了。但如果能善用這股「電力」去產生新的知識、新的學問，讓下一輩的人得以從中吸收與轉化，就是在妙有中產生真空，在吸收與傳承中，不斷地循環下去。

「你覺得人生像什麼？」有天我心血來潮的問家舟。其實打從在文化大學的宿舍認識開始，這不算新鮮的辯論問題，只是隨著人生經歷的累積，答案可不見得相同。「嗯，有點像……在已經打過的電玩裡面玩、重複地打，只是自己忘記了。」

「重複？我覺得這十幾年下來的考驗可都不一樣呢，你怎麼說？」

「不知道欸，就經歷的每個場景都覺得熟悉，然後，好像那個時候你就該做那個事情，就是種『似曾相識』的感覺。」他說，到那個點時要做選擇、做怎樣的工作，你不覺得最後的選擇都很接近。就像證嚴上人說的精進再精進，如果這條路是已既定的，你就只能精進、持續勇猛精進。

「這樣說起來，確實有這樣的感覺，像是重複的場景與類似的努力目標，但這就是因為初衷都沒改變吧。」

前陣子，家舟的臉總是有些沉沉的，一副別太招惹他的模樣。大嫂看到他回家後悶悶的，就問他：「你最近怎麼都這麼鬱悶？」家舟有點意外，想必沒察覺到自己的臉色洩漏出真實的心情。

他當下沒特別答腔，後來幾天他斷斷續續的思索著。因為一些挫折或為難，讓人開始想到有些事情你該做，但也許覺得跟你沒什麼利益，是不是就不要做了。逐漸你感到身體不對勁，心頭很難過，接著因為心頭鬱悶而特別想要逃避。「那我都不要管，我就是要逃避。」心中冒出這樣的念頭。

後來，家舟當然是回復到我們熟悉的模樣。當有住院醫師沒大沒小開髮頂微禿的玩笑時，他自我揶揄而惹得滿堂笑聲。「最近在清朝辦事處申請入籍，開什麼玩笑，我這髮型在清朝可是主流呢！」

至於他改變心態的體會呢？「其實，世界是這樣，不管什麼樣的事情，在你的人生發生了，你就要去做，而且盡力去做，你這個人生，你的心才會覺得滿足吧。」

5

雲彩媽

母親對我們這些孩子說，
做事哪敢奢求一定要達到什麼目標，
盡量去做，盡本分，
就是這樣簡單而已。

「我兒子今年都二十八歲，連個女朋友都沒有，真不像話。」

新學期才開始，從日治時代挺過來的葉老校長，在屏東縣高樹鄉泰山國小操場的升旗臺下，對著身邊幾位老同事搖著頭，一口氣，嘆的深又長。這時是「張燈結彩喜洋洋、光復歌兒大家唱」的光景，中華民國政府在臺北公會堂接受日本投降後的第六年。

老校長世居屏東高樹鄉南郡的客家庄，是我的爺爺。被點名交不到女朋友的兒子，是我爸葉輝芳，在家中排行老三。

他做一輩子的教育，在光復後很快就學會說國語，官方語言是工作的基本要求。那個年代裡，學生在學校被禁止用閩南語交談，抓到得罰錢。戒嚴中，三民主義的教育宗旨高掛，爺爺被賦與清除日人殘餘文化的影響使命，全力展開臺灣寶島的教育大業。

至於他講了幾十年的日語，真好奇他安放何處？

青天白日滿地紅的大旗掛在高高的旗桿，訓導主任站在灰白色水泥砌起的升旗臺上，字正腔圓講得慷慨激昂，大概就是在學校生存的注意事項。操場上站的直挺的學生正與瞌睡蟲和清晨漸熱的陽光周旋。

男生頂著能看見頭皮發亮三分髮，白色翻領上衣與藍色短褲，女生是齊耳的清湯掛麵，白色上衣與百褶裙，兩個月暑假任性生長的草被整理得如綠色短毛毯子，散發著清香，葉間上有尚未消融的露珠。

站在爺爺身邊的外省老師，意料不到向來威嚴的校長竟說起喪氣話。

「校長您不妨往後探探，今年來了五、六位年輕老史（師），看看有沒有中意的？」外省老師操著濃濃的家鄉口音。在爺爺那落寞、將要熄火的眼神中，瞬間被添進柴薪。他轉過身，將視線越過一到六年級學生，落在那排或交耳，或直視升旗臺這頭的年輕老師上。

「唉呦！」爺爺看得眉頭糾結成一團，怎麼現在的老師打扮得像要上臺表演。「不行、不行！」直到，他眼神掃到最後那位身高明顯低於一旁的新老師，有點福態，穿著樸素的徐老師。一身白色襯衫，搭岩灰色八片裙，看來有些土。

「欸，這個老師還不錯，看起來比較豐滿，應該會是個好媽媽。」顯然有特別審美觀的校長心中有了譜，仍轉回身問著：「不然，你們幫我選選看，那一個適合我兒子。」

結果，五位老師中有三位和我的爺爺見解一致。「選徐雲彩！」

這，算不算亂點鴛鴦譜？其實，爺爺在徐老師報到後看在眼裡，這年輕老師雖然只通過國小教師檢定，和其他師範畢業的老師不同，但她一副吃苦耐勞的體格，剛到學校就會主動幫忙做事，還有笑起來甜甜的表情，應該會適合當警察的輝芳吧。

「選媳婦記」告一段落，正式揭開一場關於人性、價值觀、鬥智、不同家族往來以及未來會如何演變的競賽序幕。

五十多年後，這位徐老師讓屏東的慈濟志工、各式各樣的朋友，甚至監獄的受刑人都叫她「雲彩媽」，她是正港我的母親。

「唉呦，怎麼那麼久沒回來，頭髮被理得亂七八糟。」母親嘴裡抱怨，手拿著剪刀在我頭頂上來回快速地移動，一撮撮黝黑的髮叢應聲落在肩頭的毛巾。

我太久沒回家，只好隨意找家理髮店剪了髮。從有記憶以來，父親和我們三兄弟都是老媽操刀。她自豪具有專業水準，其實都是從年輕開始為節省家計磨練出來。原本就不高的母親，這幾年似乎又變得小一號。

「有沒有哪裡不舒服？」當醫師後，只能維持每晚打電話回家和母親說說話。她總說自己健康的很，每天要做志工，忙起來可不輸我。

父親在幾年前過世後，她吃過晚餐，在客廳看一會大愛電視，然後，起身到院子裡打掃風吹撫竟日下的一地落葉。那些高達三、四層樓像座森林的大樹，是我高中開始種植的成果。母親說白天的陽光太熱，晚上的溫度剛好，風吹來涼涼的，還有蟲鳴蛙叫當伴奏。

「叔公，我拿樹苗回來要怎麼種？」「八格野路，連種樹都不會，要施肥灌水就會長起來。」雖然那時請教叔公時，被受日本教育的他笑著數落一頓，但四十年後，樟樹、鳳凰木、桃花心木、白雞油、烏心石、肖楠，本來還有吉貝木棉，每棵至少要一個大人才能環抱的樹幹，都是我在植樹節前親自向縣政府寫造林申請單取得，然後逐一種在原本是碎石與雜草盤據的空曠地面。

我想要一座森林！到現在都難以忘懷第一次走進泰武村平和國小、穿越一排教室來到操場時，不由自主地抬頭，然後，被一整片高聳樹蔭籠罩天際的壯觀氣勢所震懾。

九百棵約莫三十到四十公尺高的吉貝木棉樹林，拔地而起。後來，我拿到幾十棵樹苗想在麟洛的家複製。施肥、澆水照料十年，吉貝木棉竄高到至少八層樓那麼高。形式上來說，我確實成功的複製了部分「森林」。但爾後的一場颱風，讓樹幹不夠堅硬的吉貝木棉飽受肆虐，其中一棵在傾倒時差點撞到房子，把家人嚇得冷汗直流，但樟樹、烏心石們仍屹立不搖。

看到原本讓心靈獲得安靜的「森林」紛紛倒地而覺得難受，卻讓我對未來有更寬闊的想像、視野。得付出努力，才有機會培育成你想要的樣子。

「媽，我想來想去，在生理研究所都要殺老鼠，害我常做被老鼠咬的夢。」回想十多年前，從陽明大學生理研究所畢業後，我準備申請英國的學校，心中一直有個不同的聲音。

從大學吊車尾上文化大學畜牧系後，雖然老爸覺得從養豬到讀畜牧系也無不可，但我愈來愈覺得不喜歡殺生，更不想往後靠殺動物來維生。

「那你喜歡什麼？」

「我喜歡，不會有血的！」

「那你考得上嗎？」

「我覺得只要自己想要、努力去讀就會考得上。」

母親在知道我準備留學後，有回，趁著證嚴上人行腳到屏東時提了一下，上人慈悲地說，會請英國的慈濟志工就近照顧我。

一年後，我沒出國，甚至做出要改讀學士後中醫這樣讓家人感到訝異的決定。但畢竟已老大不小，難免讓長輩們擔心！「這樣讀完都幾歲了？單純做學術研究不好嗎？那麼想當醫師真的沒問題嗎？是不是該考慮找另一半定下來？」

我從小就是不用讓媽媽擔心、會自己讀書的小孩。至於決定轉向攻讀中醫後，當然也不願意讓她在家族中漏氣。大哥後來當上民航的機師，三弟則留在屏東經營自己的生意，也好就近照顧家裡。

葉家這個大家族中已經有校長、老師、飛行員，但還沒出過醫師。

「最起碼，做醫師不要是為了賺錢，要做人醫、良醫，可以服務大家，讓大家都健康。」

「對，我知道。」

「你記不記得有次掃墓，我們拿著祭品往祖墳走去的路上，那時你還小，突然就聽到你大聲喊『那邊不要踏，有小孩子啊，你們真沒禮貌！』我們都嚇了一大跳。真是！」

「哈哈，真不好意思。」

「唉，真的，我們大人只圖方便求快，有路不好好走，卻隨意就跨過人家的墳，真是沒把尊敬帶出門。」

我答應母親不是以賺錢為目的。自從和媽媽亦師亦友的爺爺過世後，整個家族像桌子失去了一隻穩固的腳而搖搖晃晃。後來，母親開始穿上慈濟的白長褲、藍色白領的 polo 衫，總是忙進忙出、累得氣喘吁吁，卻總把甘願、歡喜放在嘴邊，連父親也終究願意放掉營生大半輩子的養豬副業。

而我，也想找到那種感覺，就像是一種歸屬，這才算是不枉此生吧。

十多年後的現在，我每天忙著看診、教書、教氣功、做研究，每個月安排一回到嘉義市家樂福旁的環保站為環保志工義診，像是測試自己能耐的底線，難免會幻想若天公伯每天多給我幾小時，該有多好！

如果真有天生勞碌命，應該就是這麼回事吧。但關於自己這種決定就要去做、不完成不停止的個性，到底是天生？總覺得和家裡有意無意帶給我的啟發和想像有關吧。

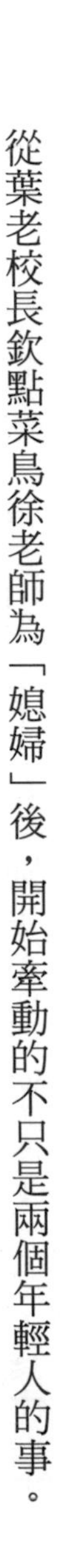

從葉老校長欽點菜鳥徐老師為「媳婦」後，開始牽動的不只是兩個年輕人的事。

男生是地方大家族、書香門第之子。女生則是家徒四壁的農人之女，真湊得上一對嗎？校園的師長間瀰漫著一股莫名的騷動，帶著幾分期待的喜悅，也難免有幾分好奇，或等著看好戲的成分。

雲彩把那景象牢牢地記進心地。讀國小時因為常遲到，手腳還有乾掉的泥土，總會惹得老師滿臉問號，但老師覺得奇怪的是，不論如何提醒、要求都沒法改善。而她不是知支吾其詞，就是講些難以讓人相信的理由。其實，一起上學的兄弟姐妹都一樣。

有天放學前，老師突然說要跟著她回家，說是做家庭訪問。說走就走，雲彩滿臉不情願的跟在老師的孔明車旁，用力的跑。從熱鬧的街道離開後，兩邊的房舍慢慢變得稀疏，然後是各式各樣的稻田、果園，空氣中飄散著乾草的清香、牲畜的排遺味。終於，老師被迫停在正常道路的終點，接下來只有眼前讓雨水攪和過的牛車路，而那是回家唯一的路。老師把車放好，每往前踩一步，鞋上的爛泥巴又多了些。

雲彩想著：「終於知道為什麼我常遲到、弄得一身泥土了吧！」

映入老師眼簾的是被稻田環繞的家，雖是用竹子摻入稻草梗與粘土做的牆，但塗上白灰後倒也不差。只是在長年的風吹雨淋下，難免出現坑坑洞洞，一眼就被看穿的虛有其表。

房舍再簡陋，依然是能遮風避雨的家。爸爸務農，而媽媽則在日治時代當過護士，雲彩和母親長得很像，尤其是笑起來甜蜜蜜的樣子，只可惜沒遺傳到高挺的鼻子。

在臺灣光復頭幾年，大家都窮的苦日子中，讀書或許是遠離是非又能翻轉人生的機會，但維持每天的溫飽是更重要的現實。雲彩和手足們早上起床，還帶著惺忪的睡眼時就得趕快到田裡巡田水、拔除野草，想辦法確保作物能順利生長。

等農事做完才能跑回家，先用井水沖洗沾滿泥巴的手、腳，然後拿便當、背書包，頭也不回地衝向學校。時間總是和徐家的小孩作對，三天裡有兩天遲到，還有手、腳上已經乾掉的泥巴印，老是換來老師不厭其煩的諄諄教誨。

「徐雲彩，妳畢業後要做什麼？」

雲彩從屏東農校畢業後，班上的導師特地到家裡來。她沒特別想過：「我未來要做什麼？」

她從國小、國中以來的成績都是讓同學羨慕的對象，新學期開始被選上班長的機率，大概像玉山那麼高。

國中老師在畢業前設定五位學生考師範學校，結果只有她沒上。從天堂落下凡間，不僅翻轉生活的期待落空，變成閒人後，既消沉也認分，自動包辦起家裡的大小事，炒菜、洗衣、種田、餵豬，忙得沒有時間想像未來。

雲彩的母親籌到補習的費用。「妳要不要再試試看？這樣下去不好啦？」家裡再不好過，也不想耽誤到孩子。

用掉可以支撐家裡過好一段時間的錢，苦讀的雲彩竟以五科接近滿分的第一名成績考上屏東農校，放榜的結果還登上隔天日報的地方版，雖不是她朝思暮想的師範，卻也足夠讓父母在親友面前風光不已。

「既然是榜首，那就繼續努力吧！」雲彩在接下來三年的高職生涯裡，始終保持第一名的好成績，只是當老師問她畢業後要做什麼時，過往考試挫敗的感覺迎面而來。即使曾經轟動、風光的入學，更從學校第一名畢業，但她清楚這些不能帶給未來什麼保證。

「妳們家經濟也不算太好，不如，去試試國小老師檢定？」

「我們是職業學校，不是師範也能當老師嗎？」

「當然可以，只要努力通過教師檢定，是份穩定的好工作。」

「那該怎麼準備呢？」

「嗯，有教育心理、概論，還有教材教法好幾科是師範學校要讀的，還有像是國語、數學、史地一般都要的。」

老師說檢定有分級數，會影響每個月的薪資。而向來支持她的母親，神奇地帶回一大落泛黃的師範學校教科書。原來是村裡有位大哥，他當老師的太太還留著書。那年頭連男生讀書都不容易，而女生能從小學畢業的比例也遠低於男生。重男輕女的觀念在徐家並不存在。

雲彩想著，對於本來就沒有什麼可依賴、好損失的自己，卻有誰也奪不去「試試看」的勇氣。

「欸，學校什麼時候來了一位女工友？」

第一位踏進泰山國小辦公室的老師，帶著戲謔的口吻。清晨五點就起床的雲彩，正忙著為參加晨會的老師泡茶。

「您早，我是新來的徐……」

沒等雲彩自我介紹完，這位老師轉身向陸續進門的老師問早。直到葉老校長坐定，雲彩也怯生生地找了距離主位最遠的角落緩緩坐下，老師們才恍然大悟。

她從宿舍騎鐵馬來到學校，看著工友阿伯一個人，她放下隨身的袋子便自顧地幫起忙來。也難怪看來像個工友，其實，前些時候她還在鳳梨園打工呢。

「這是徐雲彩老師，就派到分班去幫忙吧。」葉校長簡短地介紹包括雲彩在內的幾位新老師後，開始這天的晨會。

在新學期報到前，雲彩的媽媽特地買了兩件白襯衫，還有兩件八片裙，一件墨綠色，一件是岩灰色，穿起來顯得樸素，參與任何場合都應該不致有出錯的機會。那時的她身高一百五十公分，體重五十八公斤，以及一身黝黑的膚色。

雲彩報到前已經想辦法減肥了，但革命尚未成功，和其他化著妝、穿著如繁花盛開般的新老師相比，連自己都覺得難為情。

她那陽光健美的體魄是日常勞動生活的必要條件。從小要幫忙砍豬菜、養豬、種田來分擔父母的辛勞。而提供大量勞力付出的飲食總是大碗的地瓜飯，有黃色地瓜塊相間的熱騰騰白飯上，再淋下一大調羹的豬油，瞬間香味四溢、無比的好滋味！日積月累下來，不僅提供勞動的能量，也附送略微走鐘的身線。至於她發亮的麥色面容，則拜南臺灣熱情的陽光所賜。

她從第一次的國小教師檢定中敗下陣後，依然保持信心，準備重考外，跑去山上的鳳梨田打工，直到隔年通過檢定為止。而讓她耿耿於懷的是所選的初級教師檢定，本俸足足少了二十元，每月只有一百二十元的薪水。

「為什麼大家都找地方午休，只有妳在看書？」果園的老闆覺得這女孩的舉動很奇怪。

「我在準備考試啦，不這樣會來不及。」

「要考試又要工作，年輕人很拚欸。」

「不會、不會，希望老闆不會介意。」

「妳在園子裡點抽穗的鳳梨，曬太陽頭都昏了，這樣怎麼看書？」

雲彩的工作就像小時候巡田水，要走在長長地泥土地，彎著腰、細心地檢視鳳梨抽穗了沒？而計算的工具是手裡的算盤。

而想通過教師檢定的鬥志充滿雲彩的胸膛，當其他人吃飽飯趴著身沉沉入睡時，她心無旁鶩的看書。與老闆對話後不久，雲彩被調去做管理工作，曬太陽的事則留給別人。讓她覺得過意不去。

是營養失調？或是長期與農事為伍的緣故，雲彩有蕁麻疹的老問題，當發作時會有難耐的搔癢，她常癢到忘情時一時手快換來短暫的紓緩，卻也讓手、腳有了大大小小的傷疤。任職前力圖減重外，她使了小心眼來保持少女的形象。腳上那雙日本製的膚色長襪，把「紅豆冰」完美遮住。

開完晨會，雲彩吐了一大口氣。和老師們點頭致意後，不帶一絲聲響地滑出門。走著走著，不自覺地跑向車棚，牽出蓄勢待發的鐵馬。她沒忘記正穿著長裙，小心翼翼地的跨上座墊，順勢把衣服整理好，一股腦騎進初夏早晨的微風與陽光中。

泰山國小涵蓋的學區有高樹鄉的泰山、山地門鄉的安坡和馬兒共三處村落。雲彩前往的是距離本校十五分鐘遠的分校，途中得穿越一處寬闊的乾枯河床，高低起伏的地面，有已經乾涸的硬土，也錯落著沙地，風一吹就揚起淺黃的沙塵。沿途盡是汗水淋漓的工人賣力地淘著沙。但雲彩或騎、或牽的，很快就知道不需擔心什麼。

那面容發金的工人們彷彿事前說好似的，紛紛露出閃亮的大白牙相繼地叮嚀。

「愛注意！有沙的所在欲張持！注意賣跋倒！」

爬上河道的緩坡，騎上公路，前方排灣族的聖山隨著賣力的踩踏，愈來愈清晰。她額頭上冒著大大小小的汗珠，終於來到村莊內一間媽祖廟前，斑駁的紅漆牆上掛著簡易的木牌。泰山國小在從前曾一度以眼前這座「日出山」為名，後來，隨著大環境的動盪幾經改成現在的名稱。

教室是借用庄內廟宇旁的廂房，內部偌大的水泥地上整齊地擺放著課桌椅，包括一、二年級合班，有三十位學生。左邊暫放著等待神明遶境出巡用的神轎，右邊還有些空間作為老師們的開會使用。

「好吧，校長兼敲鐘，沒什麼好擔心的。」雲彩看著學生們骨碌碌、活力十足的眼神。「能給來自大山的孩子們什麼？讓他們和平地的孩子有同樣的機會？為部落帶來光榮與希望？」一股憂喜參半的鬥志油然而生。其實，他們先祖曾在平原生活，只因新的移民來到而往山裡去。

「來，先把鞋子、襪子脫掉，等老師。」每週一下課後，雲彩老師領著全班學生到分校旁的小溪，先用河床的細砂擦去學生腳上累積好幾天的汙垢，然後在用肥皂逐一清洗他們的耳後，直到露出原有的膚色。

「我們學校有位新來的徐老師，肯定會是個好太太、好媽媽。你明天就去看看？」趁著輝芳從高雄警察局休假回家，葉老校長向他提出相親的建議，精確的說法應該是已經挑好媳婦。

「您是說哪個女生？怎麼那麼肯定？」

「上次你國父誕辰回來，徐老師正好向學校報到，她的爸媽順便來家裡拜訪。」

「喔，廳裡有幾個人，我沒特別看。」

剛從田裡忙回來的輝芳被太陽晒得還沒回過神，捲起的褲管還沾著泥土。難得放假的他依然謹守著家族的教養，晨起灑掃、幫忙農事，絲毫不馬虎。只是，面對向來威嚴的父親，他實在有點摸不著頭腦。

「你再想想看，就是對面坐中間那位，穿襯衫、長裙，看起來就是規規矩矩的女孩。」

「喔，爸爸，拜託。」恍然大悟的輝芳瞬間像消風的氣球。

「怎麼樣，記得沒？」兒子總算想起來，校長精神都來了。

「那個像『番婆』，又黑又胖！我不要！」

「欸，這麼說真失禮！那徐老師每天都穿得一個樣，沒有特別打扮，比較適合你。反正，我找學校老師陪你去分校看看徐老師。」

「不好啦。」

「我跟你說，徐老師來教書後比較漂亮了，人家以前是又要讀書、又要去外面工作，很辛苦。」

民國五十年代的愛情，年輕男、女享有的自由成分非常稀少；而長輩意見的左右能力則很關鍵。

其實，輝芳有位交往過七年的女友，白淨高挑，面容姣好。他可是用盡心意才贏得芳心。但這段漫長的初戀也讓人最傷心。「他是客家人，不准妳嫁！」女生的媽媽說得堅決。「朋友要介紹高雄改良場的主任，是大學畢業，妳想不開才會嫁警察。」

「今天是我們……最後一次出來，我不敢再和你約會。」

「一定要聽父母的嗎？妳喜歡那個主任嗎？」

那次滿懷歡喜約會，女友突然收起笑容，頓時心情七上八下的輝芳，沒想到會是毫無挽回機會的分手提議。後來好長一段時間裡，讀警專的他每晚在宿舍抱著枕頭痛哭。初戀總是最美，死心眼的輝芳，卯足心力在讀書與工作上。

週一就去分校看徐老師吧。輝芳不想違背父親的意思，在週日依著習俗進行的家族掃墓後，決定多待一天。

西元一九〇四年、民國前七年出生的爺爺，在日本統治臺灣時代拿到師範資歷。他在屏東縣高樹鄉南郡庄這個長老制的家族中，扮演著一言九鼎的角色。從新生孩子的命名、親友間的財產糾紛，都是由最有學問的他包辦、調解。

爺爺足足有一百七十公分高，菱角分明的面容顯得瘦長，到了腮幫子處比較寬。其實，從父親到我們不僅傳承血統，連面容也都有幾分神似。對於再過兩年就來到三十歲門檻的三子輝芳，爺爺自有說話的分量，而身為兒子也有不得不聽的教誨。

到臺灣光復過後出生的我們三兄弟這一代，都還是住在南郡庄的老家，在爺爺、父母親的陪伴、教養下度過童年時光，基因裡種下飽滿的客家人風格。

說這裡是老家，它的確是。先祖在兩百年前從廣東省梅縣渡海來臺後的發跡地，傳承了三十五代子孫，四合院正身的祖堂上刻著「南陽堂」三個大字的木匾，從小被提點不能忘懷祖籍在河南省南陽南郡庄。只不過，爺爺後來考量我們下一代的發展，舉家遷到南邊的麟洛，因為在河邊的荒地寬闊，也讓父親有機會能開啟營生的畜牧副業。

至於「家」，則顛覆一般人對於它的刻板認知。距離高樹市中心一公里的南陽堂是座超大尺寸的四合院，正中間是曬穀場，四周由一百多戶三合院以牆相連組合而成，僅留最外層正面的大門，讓共居的葉氏家族進出，也形成完整的防護系統。

在這兩世紀以來彷彿獨立運作的家族中，曾經有草藥醫師、保護庄頭的武師、老師、農民各種角色，過著相對封閉的生活型態。

八十年代，一次祖先託夢事件把南陽堂拉回歷史的浩蕩河流中。庄上的長老們齊聚的集體回憶沸沸揚揚，逐漸拼湊出一場發生於百年前庄民與原住民大戰的故事。

在大洪水毀庄事件之前，南陽堂曾位於現在的荖濃溪河床上，而我出生的祖厝則是大水奔騰中，倉皇逃難後興建。庄園附近的山區屬於布農族的聖山，漢人口中的「生蕃」向來有出草的傳統。

一群庄民趁著天色微明的好天氣中，尋常地在武師的護衛下來到大津瀑布附近砍柴，這裡靠近大武山邊，散落著原住民的部落，儘管心裡頭忐忑，但為了取得生活資財，大夥手上揮刀砍樹的動作不敢稍歇。猛然間，空氣彷彿變得稀薄，庄民不意間抬頭中發現，一群身材精悍，穿著黑白相間服飾的族民已悄悄逼近、包圍。雙方語言不通，一陣劍拔弩張後突然演變成刀鋒交錯。

有庄民趁激烈衝突的空隙突圍趕回庄裡求救。在風中搖曳的綠草染上殷紅，溪水也不忍嗚咽，雙方交戰後互有死、傷。庄民在哀號聲中收拾殘局，當發現有位武師的頭顱不翼而飛時，油然而升的悲與憤滿溢胸膛，武師與庄民迅速整隊進擊族民的部落，也許突發的舉動震攝住部落的族人，不經血刃下搶回將被祭神的頭顱，甚至，直搗被視為祖靈聖地的山洞，埋下頭顱。爾後，生活變得平靜，也不再有出草的傳聞。

想不到世代幾經流轉後，這段家族傳說竟在祖先託夢埋首何處下解鎖。在祖厝的神明廳前，眾人虔誠詢問盼指點山洞何處？葉家人再次浩浩蕩蕩的往山裡去。一陣尋覓中總算尋得像是神明指示的山洞，圓鍬交替插入泥土，鏟起感傷的回憶、落下時代的遺憾。

祖墳，盡可能的完成了。葉氏宗親恭敬迎回山洞中挖出的頭顱白骨，吉日中順利安住。幾十年過後，祖墳附近興起了熱鬧的夜市，人影交錯在香味四竄的燈火闌珊中，曾經揚起的記憶又抖落在歷史的餘燼。

葉家從清代與原住民的血戰、日本時代的高壓懷柔，到光復以後不自覺而生的肅殺心魔，先民設想自給自足、完整防護系統的高牆下，卻常難以自絕外頭環境的動盪，每個時代總有屬於自身獨特，那說不出口的壓抑。

爺爺在學校裡為人師表，還有外省老師的指點，那國語得講得虎虎生風。但等到他過世後我們才發現，爺爺的老師在日本戰敗後回鹿兒島生活，兩人書信往返三十年。此外，爺爺從光復前開始寫日記，直到一九八七年過世前為止才擱筆。他的日記從歷史寫到天氣與生活，而且都是以日文書寫，他的勇氣真的很難衡量。

身為家族中的長老，爺爺自有照顧這一家子的堅持與彈性。但我的父親葉輝芳可不吃日本人那一套。他始終記得小時候，看見日本警察拿著長長的鐵棍，挨家挨戶的四處搜尋，隨意亂戳，尤其是擺在牆邊飽滿的布袋，總是不懷好意地檢查是否有人膽敢隱藏該上繳的新米。

那時，爺爺會藏些新米在房子的空柱子裡，總希望在過農曆年時煮好吃的飯，畢竟是辛苦耕種所得。就在年夜飯吃得氣氛方殷時，日本警察無預警地來到，因撞見熱騰騰的白米飯而氣得面容糾結。

爺爺見狀趕快向大人賠不是，保證不敢再如此失禮。眼看警察惦量爺爺的關係而想沒收米飯、輕輕放下時，年幼的父親卻拗了起來，怎肯到嘴的白飯飛掉。

日本警察作勢用鐵棍揮打父親，幸好在爺爺的百般求饒下，倖然離去，否則，依慣例甚至可能會出人命。父親的背部被打傷，而他因此不再說日本話。後來，長大當上警察，甚至加入國民黨；在成家立業後，也從未動過到日本旅遊的念頭，這真算得上是客家人的硬頸作風吧。

前一天忙著掃墓的雲彩，星期一沒得休息，依然清晨五點起床，從家裡騎鐵馬到學校開會，然後再騎十五分鐘到分校上課。好不容易熬到第一堂課結束，她趁著

下課時間想瞇一下，頭才碰到桌面幾秒鐘就沉入夢鄉。

「老師，有客人來，趕快起來！」雲彩睡夢中似乎聽到學生喊著。「快點，客人快到了！」

「什麼？」雲彩邊睜開眼、衝口而出又隨即噤聲。下課的喧鬧依舊，哪有什麼客人呀！她趕緊拿起桌上銅製的搖鈴，叮咚！叮咚！

「溫老師，你來幹什麼？」雲彩一臉狐疑，學生們也順著她的聲音轉頭。上課不過幾分鐘而已，果然有客人。

「喔……，我來做家庭訪問啦。」在本校服務的溫老師一臉尷尬，但反應可快得很。他是雲彩以前的同學。

「不對呀，現在是上課時間，要來訪問什麼？」

「哎呀，跟妳說就是家……」

溫老師的話還沒說完，雲彩的眼神已經飄到他身後，然後定在那突然笑起來的男生，為什麼胸口開始乒砰、乒砰跳。

就算是第一次看到，還有從陽光中走進教室的殘影，雲彩不費吹灰之力地認出溫老師旁的他是校長的兒子，像一個模子刻出來方正大耳的臉龐。

其實，前陣子，雲彩的同學溫老師就拿照片來過。「妳認識照片中的男生嗎？」溫老師問著。

「誰呀，我不認識。」雲彩覺得男生帶著笑意，一副有人緣的模樣，簡直是天菜。

「妳來學校報到那天，去校長家時，他不是有端茶給妳。」

「端茶？是有個褲管一長一短，小腿上還沾著泥土的，但頭低低，根本沒看到。」

「應該就是啦。」

「他不是校長家的長工嗎？」

「哎呀，他是校長的小兒子啦。」

雲彩轉回辦公桌面，不想再理會老同學。這是在和我開玩笑嗎？為什麼要給我看校長的兒子照片？到底在賣什麼關子？眼前的學生作業，她一個字也看不進去。

終於，直球對決的這一刻來到。雲彩下課後，和溫老師、葉輝芳來到一旁充當會議的空間坐了下來。毫無心理準備的雲彩彷彿神遊太空般，只記得當時大概互相自我介紹，一起吃午飯，至於最後是如何結束，則是腦袋一片空白。

那天，雲彩下課後回到本校處理行政事務，準備離開時，總務主任走近遞上一封沒有貼上郵票的信封。「等下要看！」他笑咪咪的轉身。

我媽的座位正面對著校長的辦公室，想必也是新手老師才有的特別待遇。還好桌旁有座屏風，坐下來時正好可以遮住上半身。「有事為什麼不當面講？誰寫的信？」直性子的雲彩毫不遲疑的打開信封，抽出折得工整的白色信紙。

「雲彩小姐，看到妳很高興，有好感，請妳務必要回信！」這到底是請求還是命令呀？雲彩看著簡單又直接的字句，笑得格格作響。

「妳有在看信喔！」校長突然冒出來，雲彩嚇得差點跌下椅子，她雙手觸電般遮住信。

「記得要回！」

「好好，我，會回信！」

真的要佩服我爺爺的眼光，尤其他處理事務的手法和積極態度，從溫老師到總務主任，大家為了校長動員起來。

忙碌一週的雲彩放假回家時，突然看到弟弟已經騎著摩托車在路上等著。才踏進家門就看到父親眉頭糾結，肯定出事。

「如果妳要嫁給校長的兒子，我們就斷絕父女關係。」

向來忙著農事、不多話的父親，這會卻火氣十足。他特別要兒子去阻擋雲彩和輝芳約會。原來，校長趁著上班日找人到家裡說親事，父親就對受託上門的先生娘挑明的說，自己的女兒不敢高攀，嫁給有錢人會受苦啦，會被看不起！

「拜託！誰會要妳的女兒啦，我又不漂亮，誰會要啦！」雲彩覺得好笑，因為除了禮貌的書信往來，壓根還沒和輝芳聯絡過。但有點隱約的難過則是為何父親要反對。

從小辛苦讀書、農作才得以掙活過來的人，懂得認分，知道要體恤長輩的辛苦與想法。雲彩感到胸口有陣酸，伴著些微地刺痛，卻不猶豫地寫下告別的信。

「何必單戀一支花，既然我爸爸不贊成，你就死了這個心，我會祝福你！」

輝芳收到信，雖然不再擁被流淚，但老天爺也太不公平，新的戀情才剛萌芽。竟要被「門當戶對」這八股的觀念給滅頂。

人生哪說得準！在葉氏宗族喊水會結凍、在學校人人敬重，這次真的踢上徐老師父親這塊大鐵板。即使出身窮困，也不想高攀的硬頸態度、為人父不願女兒受苦的溫柔心情，兩個客家家族的相遇過招，老校長也只能領教。而為了斷掉這情分，徐老師在父親的要求下請調到山地門的北葉國小。

不過，終究姻緣天註定，不然，哪有我們葉家後續新的故事篇章。而爺爺與母親這對公媳教育搭檔，為我們葉家三兄弟的心地種下堅固抗難的種子。而這一切要從病房裡的期末考說起。

「雲彩，妳看要不要請葉輝芳進來醫院看我，他不是在橋頭的警察局上班。」有天，雲彩收到父親的來信，他因為急性盲腸炎住進高雄市的醫院。幾天後，換成葉輝芳寫信給雲彩。「我昨晚下班後，買了兩罐煉乳去醫院探視令尊，他像是位考官，出了好多考題，請妳務必要幫我美言幾句。」

陸續收到父親和輝芳的信，雲彩從忐忑期待轉變成愉悅的等候。自己選擇不對抗父親的要求，但總是鬱鬱寡歡，看在眼裡的父親終於願意心平氣和地去看看輝芳這個人。

「雲彩，輝芳這小孩雖然家境不錯。但聽說從小會幫家裡養鴨、養牛、砍芒草，和我們家一樣。他讀屏東初中和屏東高中，放完暑假要回學校之前，一定要把豬欄上放滿新鮮的綠草，然後問媽媽說這樣夠了嗎？他的媽媽常感動到哭，而他回學校的行李中，有媽媽幫他準備回去讀書的吃食。我想，這個孩子蠻勤勞的，一點也不像有錢人家的孩子，應該可以。」

雖然和輝芳的年紀不同，但曾受過日本人欺負的父親，在醫院「拷問」中得知輝芳有因家中私藏白米被日本警察打傷的經歷，頓時好感直線上升，兩人再談什麼都覺得特別對味。

徐雲彩沒辜負老校長的眼光，不僅和公公的教育理想一個模子，婚後還陸續為家族添了三個壯丁。

二十年前，當我讀完學士後中醫，毫不猶豫地選擇到大林慈濟醫院。經過漫長的住院醫師訓練後升任主治、後來接下針傷科主任。

平時醫院、大埔醫療站兩頭跑外，還有社區的往診、繼續攻讀博士班、與中正大學合作的研究計畫，常有同事和朋友勸我：「會不會太累了？該找時間休息一下吧！你為什麼這麼拚命？有些事也該讓別人分擔才對呀！」

回想曾聽母親聊過，以及自己經歷過的生活，她從年輕歲月到知天命這漫長的人生中，只要認定是對的事情，就不懂得拒絕的態度，肯定是我們兄弟成長中默默添加的營養素。

「家裡誰掃地、誰洗衣服、拖地板，他們三兄弟會輪流做。但明憲有點小聰明，常說要先去廁所，等下就出來後就拿著書消失。結果總是在哥哥弟弟做完後，才若無其事的走出來。」

母親確實不知道我躲在廁所做什麼？真的在看書嗎？但她總對人家說這孩子，從小很靈活，鬼靈精怪的。

「那天我正在煮菜，發現鹽巴竟然空了，趕緊拿錢給明憲去買。」母親喜歡說一件我實在沒有特別印象的事。他買到鹽巴回家，在路上看到一個五毛錢，心想掉錢的人一定很緊張，就乖乖地站在那，要等到掉錢的人回來。「你看明憲小小年紀就知道拾金不昧，很老實，很誠實，功課不用我們擔心，每次考試都會得獎。」原來這該是母親和手足間都默默包容我打掃開溜的原因吧。

「葉輝芳我和你說，雖然我們結婚了，但我的薪水一定要全部拿回家幫我弟弟和妹妹繼續讀書。對，就到我弟弟讀完大學為止。」母親剛結婚就和父親約法三章，先發制人的態度非常堅決。意外的是父親舉雙手贊成。不過，即使是嫁入校長家、葉氏的大家族裡，能傳承的是硬頸的家風，至於生活的必須，全得自力更生。

六十年代，父親當警察的月薪是六百五十塊，國小老師的母親則多一百元，不過，只有父親的收入能當家用。有著甜甜笑容的母親，性格也同樣樂觀，她早盤算好下一步的衝刺人生！

母親養母雞，讓家裡有新鮮雞蛋可料理，營養十足又省開銷。

她也買羊，每天要更早些起床去擠羊奶，家人早餐有羊奶可喝，剩下的通常能裝滿十個玻璃罐，帶到學校給生產後的老師。每罐兩塊錢，這樣一天就多了二十塊收入。

幾個月過後，母親瘦到三十幾公斤。

每天早上四點就起床餵雞、擠羊奶、準備早餐，然後出門上課，把自己逼到極限的她一度爆發急性肝炎，曾經有點福態的人像消風的氣球。

但別以為如同拚命三郎的她會就此罷休，而她可不是只會拚命賺錢而已。

也許，並非師範畢業的母親，總想證明爺爺當初選媳婦時沒看走眼。「筍要嫩時拗，子要幼時教。」她把爺爺的提點牢記心上，默默地觀察爺爺的言行，遇上事情會怎麼說、處理時的思考與手法，簡直把自己當複印紙。

「只是檢定通過的老師。」

爺爺看穿母親心中的缺憾，鼓勵她去考師專夜間部。要擺脫同事似有心若無意的玩笑，可不如想像中簡單。

母親順利考上師專夜間部，高興中卻不禁皺眉，從國小教完課回到家，僅剩些許時間就要出門搭公車去讀夜間部，別說照顧孩子，連煮飯都沒時間。

「雲彩，妳趕快收拾一下，吃完飯再去上課。」母親從小學回到家，爺爺已經煮好菜上桌。她趕緊去洗澡、換衣服，然後快速吃飯、出門。剩下的收拾、看顧孩子則全由爺爺包辦。

因禍得福，或者天助自助！白天和一群小學生交手大半天的母親，回家準備好後再出門時，只能拖著沉重的步伐與幾乎瞇成線的眼睛踏上座無虛席的公車。

當公車關上門繼續上路，搖搖晃晃的車身恰如安逸的搖籃。母親抓著座位旁的扶手，在瞌睡中猛然跌坐在地板上，睡意全消的她顧不得疼痛趕緊起身。這時，司機從駕駛座上轉身、對著滿車的乘客大聲放送。「老師工作很辛苦，以後右邊第一個位子都讓老師休息，請大家注意。」

想必這位司機，是母親曾經教過某一位學生的家長吧？從此，第一個座位總是虛位以待，讓雲彩老師一上車就能補眠。

父親忙著當人民保母，還好有爺爺出手相救，母親才能如願讀完屏東師範學院，擁有正式的大學文憑。當然，再沒人拿「只是檢定通過的老師」這刻薄的字眼來揶揄她，在已然瘦弱的身形中有巨人附身，堅不可侵。

當母親去讀書的時候，爺爺搖身成為「家庭煮夫」外，還身兼南陽堂「私塾」老師。就在祖堂大廳中有張木製的大長桌，滿是使用痕跡的歷史光澤。晚餐過後，在列祖列宗的慈視中，我和哥哥、弟弟，還有鄰居的孩子開始入座寫學校的作業、溫習功課。不懂的地方有爺爺的即刻救援。

他還親手找木頭刻象棋盤與將、士、象、車、馬、炮，指導我們下棋。家族中的長老也能放下身段，陪孫子讀書、下棋，真讓人始料未及。

父親和母親總是想辦法讓營生多些餘裕，除了柴米油鹽的開銷，還得為孩子的教育積攢。但母親覺得自助和助人同樣是種福報，在學校看報上提到哪裡有人發生車禍亟需幫助，她會抄下地址寄錢過去。

至於，有件爺爺和母親共同決定的大事情，在客家聚落裡蔚為美談，也有人並不看好後續的發展。

「老師，你們家裡有小孩需要照顧，可以考慮把那女孩贖回家幫傭。」鄰居先來家裡探過路。

「還這麼小，怎麼可以賣去私娼寮。」母親說。

「她母親得了子宮頸癌，治療需要很多錢，不得已。」

「孩子真的很可憐，找個時間去家裡看看。」爺爺聽著給了建議。

「那得要快點去，萬一被帶走就來不及。」

那天是爺爺、媽媽一起過去，還帶著大哥。十四歲的玉秀姐和我的大哥才見面，竟像是親人般呼喚彼此。「弟弟！」、「姐姐！」接著熱情相擁。當時哥哥讀國小，真服了他的真情流露。爺爺和母親看著兩個孩子的舉動也覺得有趣。這女孩肯定和我們葉家有緣。

「就這麼決定。來我們家吧！」

母親辦好領養手續，姐姐跟著姓葉，我們三兄弟多了位大姐，那一年，母親的教師薪資來到兩千元，而幫姐姐贖身要十倍的價錢。

原來，玉秀的原生家庭中有其他三個姐姐和一個弟弟。除了一個姐姐在十六歲那年嫁給退伍的軍人，其餘兩個被賣走，即使僅有的弟弟也難逃同樣下場。也許是祖先有靈，過繼給別人的兒子每天空空顛顛，結果在回家後變回正常人。

可能有更多孩子成為金錢交換的籌碼，失控的人心，失序的環境裡，有些看來無力改變現狀的傻事，還是該有人挺身而出，收養玉秀對葉家無疑是沉重，但值得努力的承擔。

為什麼和玉秀講話時，她只會一直看對方的眼睛？聽不到嗎？可是她會講話呀。母親覺得納悶，原來是姐姐的耳朵被耳垢塞滿了。

怎麼大家的頭都在癢？玉秀為何不敢去廁所呢？原來，頭癢是因為她已把頭蝨分享給大家，而她肚裡有蛔蟲，害怕排出白色扭動的蟲而不敢去廁所。母親耐心地見招拆招，逐漸褪去加在姐姐身上的無奈、悲哀的陳跡，很快就成為亭亭玉立的漂亮少女。

幾個月後的一個早上，姐姐面容憂愁地吃不下，話不成聲。母親看著不對勁問她怎麼回事。阿嬸，我夢到媽媽跑來告訴我，她死掉了。

母親和爺爺商量，帶玉秀回家探訪是否會觸景傷情、她願原諒媽媽當初把她賣掉的事？與其窮操心，兩個大人決定帶著玉秀回老家一探究竟。

爺爺下車就熟門熟路找雜貨店的人問，很快就確定情況回來。

「阿秀，妳媽媽過世了。」交雜著怨嘆與悲傷，媽媽安慰哭得淚眼迷濛的玉秀。「別怨媽媽，她有不得已的苦衷吧，妳就是葉家的孩子，不會再讓妳受苦。」爺爺就近到庄上的麵店買了現成的豬肉、雞和魚三牲，帶著玉秀去祭拜，為這一段苦入心扉的回憶畫上休止符。

「她就是家人。」母親可捨不得讓玉秀做女傭，更想彌補她從出生以後的遺憾，包括供她讀書以及葉家滿滿的愛。很快地，母親和爺爺又禁不住旁人的請求，認養一位家境清貧的女孩，她和姐姐一起住在祖堂旁的廂房。

幾年後，兩位姐姐都已亭亭玉立。「妳十八歲了，一直在這邊會被人家說是人家的女傭，會嫁不出去。」二姐在母親的鼓勵下到高雄學織毛線手藝。勤勞的她會幫老闆娘準備午餐時洗菜、切菜，沒多久，長得漂亮又勤勞的姐姐嫁給老闆娘的兒子，家族的紡織事業蒸蒸日上。每到過年時，母親會收到一件漂亮的毛線衣。

至於玉秀大姐，母親也鼓勵她多看看外面的世界。外出工作不過兩、三個月光景就捎來好消息。「阿嬸，我認識一個男生，他和我求婚喔。」母親要姐姐帶回來讓她看看是否合適。

「難怪喔，高高帥帥的，很像電影明星。」母親開心地不得了。從落難私娼寮前搶回這孩子，如今能有喜歡的歸宿，一切努力都值得。「既然，玉秀要嫁人了，應該是換回她本姓的時候了。」爺爺提醒著。除了改回被認養前的姓氏，母親幫姐姐準備手鐲、金項鍊、棉被足足一牛車的嫁妝，讓她風風光光地嫁到臺南。

「親母喔，妳甘知，我們臺南的媳婦生頭胎、二胎，要吃娘家。」

「恭喜、恭喜，我要教書比較忙，歹勢，按爾看一天大概所費多少，我包錢給妳。」母親接到玉秀姐報喜沒多久，就接到親家母的電話。

「對啦，這胎是查甫，滿月時整庄要買桃子和油飯。」

「沒要緊啦，我攏會出。」母親面不改色爽快地說。

「兩百多戶哦！」玉秀的婆婆還是不太放心。

「親母免煩惱，我攏出。」母親能體會那是臺南海口的習俗，已經沒有親生父母的玉秀，葉家是她唯一能依靠的娘家。

葉家三個男生也陸續來到國中、升高中的時候，一筆接一筆不在預期中的開銷，母親咬著牙，發揮她在食衣住行上斤斤計較的節約能力，順利撐過去。而母親這「優點」在她有機會接觸慈濟功德會後，讓我們見識到徹底爆發的威力，為玉秀姐的支出，顯得微不足道。

每到冬至時節，親家父子出海捕捉到烏魚後，即使到半夜也會帶著為我們留下的新鮮漁獲，從臺南安平一路直奔屏東，十多尾銀白色帶著藍色斑點的烏金，渾圓的身軀大概有三十到四十公分長。他們現場剖魚，並教導如何製作烏魚子。從此，葉家親友們每年最期待可以品嚐烏魚子的那一天。

而最鍾愛這孤味的是阿嬤。

有人說，當國小老師的孩子很辛苦，學業呀，品行都被嚴格要求。如果照這邏輯推演，那我該有來自爺爺和母親雙倍的壓力。不過我還真沒什麼感受，反倒是他們做的事，讓我們覺得挺厲害的。

「這幾本書，看看你什麼時候能讀完？」爺爺說完話，一股腦地把好幾本書往下放。

「好，謝謝爺爺。」我趕緊伸出雙手揣在胸前，睜大眼直挺挺地看著。當時我讀國小三年級，在面前的爺爺簡直像巨人般的存在，眼神中嗅不到一絲笑意，威嚴感十足。

《七俠五義》、《封神演義》、《三國演義》。當爺爺轉身，我的眼神順勢落在書的封面上，好像都不陌生。只是當我翻開書皮，眼神接觸到第一行字的剎那，心中猶如大雨過後的土石流，快速崩解。

這書裡內內外外都像是無字天書般的文言文，哪看得懂。我才十歲，爺爺這樣會不會太誇張。雖然覺得包青天公正嚴明，為伸張正義鐵面無私的故事很酷，更嚮往俠客不趨炎附勢的逍遙，但也得先有能耐解開文言文設下的障礙，才有機會一窺武俠世界的精采。絕對不能輕易認輸，那我就讀給爺爺看。胸中油然而生的鬥志，撲滅上一刻不知如何是好的內心獨白。

從收到書的那一個星期日開始，我早上起床後先打掃祖堂、庭院，這是爺爺給孩子訂的規矩。快速地吃完早餐、坐定，開始我的古文練功課表，週復一週不間斷，連母親看到我的堅持都感到真是難得。這書還真有魔力呀。成天動不停的明憲，竟然可以安靜的看那麼久的書。

「滾滾長江東逝水，浪花淘盡英雄，是非成敗轉頭空：青山依舊在，幾度夕陽紅。白髮漁樵江渚上，慣看秋月春風。一壺濁酒喜相逢：古今多少事，都付笑談中。」

我用了大半年讀完《七俠五義》，繼續走進《三國演義》第一回，劉備、張飛、關羽三人在桃園結義後斬黃巾英雄立下首功的戰爭風雲中。但，我哪讀得懂呢，但就是不服輸的硬著頭皮，看不懂就查字典，一字一字的串連，建立自己的武俠世界。

「紛紛世事無窮盡，天數茫茫不可逃。鼎足三分已成夢，後人憑弔空牢騷。」嘗試理解完《三國演義》第一百二十回的最後一句。不管如何，靠自己努力才有完成夢想的希望，即使最後不能如願，也不會有太多遺憾。

在我升上六年級前，總算讀完爺爺給的書，足足花了兩年多。當闔下書頁後的第一個動作就是跑去向爺爺說，比較像是炫耀。「爺爺，我讀完了喔！」終於，一派威嚴的爺爺笑著。儘管沒特別的鼓勵，但發現書能讓我安靜下來，而俠義的精神彷彿也融入先天的客家基因中。

當我更成熟時拜讀金庸的武俠小說，也追隨師父練武，該都是爺爺巧妙啟發下，註定的偶然。

教育第一。爺爺沒多久做了一個天大的提議，父親則順應地從高樹的祖厝搬到麟洛。

引發爺爺應該要搬家的動機，來自於大哥參與國中的鼓號樂隊受邀到臺灣電視公司的五燈獎節目演出，當時的主持人是從童星出身家喻戶曉的張小燕，個頭嬌小的她反應靈敏、舌燦蓮花，節目很受歡迎。

畢竟那時包括臺視在內，只有中視、華視加起來三家電視臺，距離現在讓人眼花撩亂的有線電視時代，還非常遙遠。

原本是讓學校、高樹鄉教育界開心的盛事，但爺爺卻看到學生在城鄉間擁有資源的差距。參加電視錄影的樂隊從學校坐車到屏東市就耗掉一個半小時，然後再搭長途巴士「金馬號」到臺北，又得用去八小時。「國中的學生都是自己認識的人，要成材會有點侷限。」

父母親盤算著用積蓄和養豬賣的錢，依著爺爺的建議四處看房找地，最後挑上離我未來就讀國中與高中學校幾公里的一塊河川氾濫區土地。

以現在的眼光看來，該會覺得他們做了非常另類的決定。土地上除了一座貨倉式的建築物外，盡是砂石混雜的高磧地，有許多結滿白色小顆果實的蓮霧樹，距離麟洛溪約七百公尺，而「家」前後五百公尺都是空空蕩蕩不見人煙。

對照三十年後的現在，當初顯得荒蕪的土地上有棟安身立命、養育葉家子孫的大房子，院子裡矗立著幾十種高聳的大樹，十幾二十公尺不等的高度，綠籬中有四季交替綻放的花朵。父母當初為我們的未來而鼓起勇氣，從一塊荒地開始拚下去的意念，難以形容的巨大，而爺爺的眼光與智慧，真的很不一樣。

「妳……如果……脾氣改……好一點，就……更好了。」爺爺費了一番力氣說著。

「爸爸，真的很對不起！我會改。」母親跪在床邊，淚水怎麼也止不住。

歲月總愛催人老，爺爺在幾年後中風，蒼老像氾濫的河難以平復。他堅持要來到麟洛住，成為父母親求之不得的美好承擔。

若說，母親是爺爺的翻版、像照鏡子，會是母親幾十年來跟在身邊耳濡目染的榮耀。持家務必克勤克儉、教育孩子要從小扎根，學無止盡要努力向上、遇苦難要責無旁貸手心向下，這位百中選一的媳婦總是戰戰兢兢地邊學邊做，當最疼自己的長輩在病榻仍提醒著自己總是克制不住的脾氣，母親哭得無地自容。

記得住祖厝時，那次我們一如往常在祖堂的大木桌上寫作業，有不懂的地方就請教爺爺。然後，就是最期待的下棋時間。「吃飯了！快點來吃飯！為什麼還不來吃飯！」母親高聲的喊著，逐漸有了火氣。但我們正戰得激烈，有優勢的不想結束，快輸的想著逆轉勝。突然，頭上一陣黑影，瞬間一雙大手捧起棋盤，二話不說的往堂外走，僅剩還沒離手的那粒棋。

我們追在母親身後。結果，在「不要丟」的高聲呼喊中，棋盤在空中畫出一道拋物線，二十多粒象棋在天際中交錯翻騰，陸續墜落在祖厝旁水溝的滾滾洪流中，載浮載沉地往西漂流。我們拔腿狂追卻無能為力，直到水面恢復平靜，才悻悻然地回頭。後來，我在日記本寫下由衷的意見。「媽媽真的太衝動了，應該要改善一下脾氣。」

脾氣改好一點，就是輝芳的賢妻良母。這是給母親最後的忠告。爺爺從日治時代走來，有對政治紛擾的圓融、對教育理想的堅持，還有對日本老師書信一輩子來的溫柔，甚至，有來自父權社會的刻板思維，但他總無所保留盡心力為家族引領方向、調和紛爭。

一九八七年，爺爺在家人的陪伴下度過最後安詳的時刻，雙眼輕掩。家族不知該怎麼調適在心底沉重、難言的哀傷，以後再沒人耳提面命。

爺爺過世後不久，婆婆有位遠房的堂弟媳有事要請教父親而來到家中作客。正事談完後，這位親戚遞給母親一個紙袋，裡面有一份折起來約Ａ４的印刷品，頁面右上方有一列直式標題：慈濟道侶。

「舅媽，妳在做保險喔。」母親直覺的反應。

「不是啦，我是慈濟委員，有聽過慈濟嗎？」親戚帶著有些尷尬又彷彿有機會可試試看的笑。

「當然啦，我喜歡從書報中剪下勵志的文章，然後拿到學校講給學生聽。」母親說曾經剪過慈濟心燈。那是證嚴法師講的小故事，有佛教也有慈濟的，故事中呈現人世間總是悲歡離合，很適合孩子體會、知足，如何讓生活過得有意義。

「那應該是一樣的。」

「對呀。」母親捍衛著身為老師的博學多聞。

「那妳有看過證嚴法師嗎？」

「嗯？」

「那這邊有本書是慈濟文化出版社出的『渡』，妳是老師，給妳自己看吧。」

只是，母親心頭不免閃過一個不愉快的記憶。曾每個月捐款給一個慈善團體，結果才知道是騙局，錢都被負責人的弟弟拿去買地，真是都白捐了。

本來就喜歡看書的母親，抱著反正已經有過受騙應該會更聰明的心情，翻開舅媽給的書，竟發現心中長久以來的許多結有機會逐一解開。慈悲心，是一切善行的開端，但缺乏智慧卻可能失去行善的初衷，更可能因此埋怨自己的好心。而爺爺曾提醒的改善脾氣，證嚴法師說：「生氣，是拿別人的過錯來懲罰自己。生氣，是無能的表現。」

「想當年，三十個家庭主婦，每天存五毛錢；慈濟，就是這樣做起來的。」法師提到做慈善的開始，請人鋸竹做了三十個竹筒，每個家庭主婦一個，上市場買菜前就投一個五毛錢到竹筒裡，而跟著法師的弟子們則到市區蒐集布店不要的碎布，每人每天多做一雙嬰兒鞋，一個月就能存下七百多元來幫助法師做慈善。

法師從民國五十五年就成立功德會做到現在，母親覺得這麼晚才發現而慚愧。她想像著「粒米成籮、滴水成河」那種愛的力量匯聚的光景，腦筋馬上就動到學校的老師。

母親向來都是力行派。從小幫著父親巡田水、養家禽。嫁到葉家後想盡各種營生方式來幫助家計。在試著認識慈濟、證嚴法師後，她希望也能成為像法師同樣有智慧的人，而最好的方法當然就是跟著師父走。

「花蓮有個師父創立慈濟世界，一個月捐一百元，一天才三塊多，一家有三個人就繳三百，願意嗎？願意就簽名。」

母親把寫好紙條，從身邊的老師開始傳送。眼看校務會議冗長地沒有盡頭，她再接再厲寫字條。

「我們當老師不愁吃、不愁穿，每個月有薪水，一個月只繳一百元，證嚴法師要的只是我們的愛心，趕快簽名！一起來行善。」

在會議桌下的祕密行動異常成功。當紙條回到母親手上時，她瞪大的眼如滿月，抬起頭以滿是感謝與激動的眼神，心照不宣地送給支持她的老師。全校有百分之九十五的老師都簽名願意每個月固定繳一百元，有的連同家人也一起成為慈濟的會員。

至於那幾位漏網之魚，母親不死心地找機會去問個明白。

「我們很早就知道慈濟，而且很早就是會員了！」

「唉呦，怎麼沒有找我共襄盛舉？」

「誰像雲彩老師這麼不怕死，我們不敢啦。」

母親設定每個月募集十戶慈濟會員的願望，快速達標。每戶至少一人，每個月固定繳一百元，她必須定時逐一連絡、收功德款、介紹慈濟與證嚴法師，從每戶一人開始拓展到全家人，再延伸到會員的親戚、朋友，像是一個以善為名，愈滾愈大的雪球。

收的戶數不斷累積，她投入志工的時間拉得更長。證嚴上人創立功德會時希望是五百人以上的團體能散布在臺灣各角落。一人有兩手，如此就有千手千眼可以即時救苦救難。母親想像著屏東也要有一尊觀世音菩薩。原本少了爺爺作為引領生活無可取代的角色而讓爸、媽悵然若失，但母親早一步尋覓到心靈的導師，以及甘願做歡喜受的具體方向。

在教育、家庭、慈濟多頭並行的母親想著：「這該是公公給我的禮物吧。」

三年後，來到西元一九九二年，五十一歲的母親喜孜孜的穿上綠色的旗袍，在花蓮的慈濟靜思堂受證成為慈濟教師聯誼會的成員，她還自備由屏東老師組成的觀禮團，成員都是她想努力帶進慈濟的菩薩。

儘管做志工起步的晚一些，但母親成為慈濟教師聯誼會在屏東的第一個成員、大家口中的第一顆種子。

「妳不要走火入魔！」

有天，父親的情緒大爆發，臉漲紅著可比關公。「為什麼我下班回來，桌上的菜飯都是冷的，沒有一點家庭的溫暖。」母親把爺爺的教誨轉換成做志工的動力，以身作則，認定對的事情，就要燃燒生命勇往直前，但終究踢到父親這塊大鐵板。

「證嚴法師行腳來屏東時，我要去對他說：『您要好好教育您的委員，在外面要懂得柔和忍辱、面帶微笑、輕聲細語，那為什麼在家裡就把我們當工人使喚？』我一定要講！」父親的態度如山一般堅定不搖。

「拜託你不要去，這樣對師父不禮貌，還有好多慈濟志工在呀。」

「不管，我偏偏要去。」

引燃父親情緒的火藥庫，是母親在慈濟屏東連絡處忙著為慈濟創立三十週年展覽布置時發生的插曲。可想見一位自忖年過半百才認識慈濟的國小老師那火力全開的模樣，每當遇上活動籌備時，她寫文案、畫插圖、做ＰＯＰ，全賴自己手工，做到眼乾、舌燥、肩頸勞頓也不罷休。

每年五月第二個週日舉辦的浴佛節，也是創辦慈濟的紀念日。這年，屏東分會需要做三十片全開的看板，預計在開幕時能讓鄉親見證一年來在慈善、醫療、教育與文化等四個領域的成績單，對志工來說是一份承擔、允諾的實踐，期待著來參加活動的人能感動，也有機會也成為別人生命中的貴人。

那時還沒有電腦的輔助，有出家師父擬文稿，長輩寫書法，有人依展覽主題在檔案夾中尋覓這一年來的活動照片。母親則是在學校下課後趕到分會，加倍努力來彌補無法請假的歉意。

但這天她真的累壞了，匆匆到分會時才發現前一晚在家整理的資料遺忘在辦公室，而大家等著要用。

她轉動鑰匙，重新啟動車子開回學校。「唐榮國小呢？怎麼都是田地，應該很多房子才對呀？」疲累、緊張又加上對分會的路線還不熟悉，母親把車開到和學校不同方向的九如。後來，在昏暗夜色的荒涼公路上看到檳榔攤，像大海中一座燈光迷茫的燈塔。「妳直直走往前，在中正路。」

眾人望穿秋水，母親回到分會時已是晚上十點半。大家拿到資料後，有默契地各就其位趕製週年活動海報。當時鐘的短針與長針在瞬間同步歸零，新的一天在夜色漆黑中開始。志工們相互提醒打電話回家以免家人擔心。「不是自己的事也這麼忙？連打電話回家報平安都沒有時間！」父親在家中坐立難安、火氣十足。後來，隨著週年慶活動展開，也醞釀著母親做志工後第一次大「危機」。

歲末裡，證嚴法師從花蓮靜思精舍一路行腳到屏東分會。抵達這天的午後，輪到男眾弟子聽課。

「你想去也沒關係，就坐在最後的門旁邊，如果不想聽了，溜出去也沒人會發現。」母親在出門前對父親耳提面命。這個讓她從期待，到坐也不是、站也不是的日子總算來到。

父親真的說到做到。在活動開始前就進入分會的大廳，就坐在出口的門邊上，抬頭挺胸，目不轉睛。

眼前是一列列整齊延伸到佛堂前，正襟而坐的慈濟師兄們，清一色深藍西裝、長褲，內搭淺藍色的襯衫加上有白色橫紋與慈濟標誌的領帶。那標誌是一朵盛開蓮花的剖面圖，有著成熟的蒂頭，象徵著花果並生，日日花開見果。

說實話，不特別注意也很難看出父親與志工男眾的差別。

透過音響設備，法師的話語從佛堂最前方的講臺緩緩地，同步洋溢在挑高的大廳內、外的每吋空間，聽得出有那殷殷期盼的急切感。明明談的是遠在千里波斯灣戰火下的孤兒、孟加拉風災中受苦的災民，卻讓這些來自各行各業的志工心有戚戚，彷彿世界各地的人都是自己的手足，多希望下一秒就能給予他們撫慰。他們之中有人上一刻才放下廚房的鍋鏟，有的才匆匆收好農作或是工廠的機具。

再怎麼說，對岸也總是飛彈朝向臺灣的敵對狀態？臺灣錢雖然淹腳目，甚至被國際媒體封為「貪婪之島」，但還是有需要救的人？哪有不先救自己人卻救外人的道理？父親覺得，難怪慈濟志工在國際與中國大陸的賑災行動會被許多人罵到臭頭。雖說志工上街募款時特別強調專款專用，請大家想清楚要捐孟加拉災民、確認要捐大陸災民，然後再捐。但這世界有理也不見得容易走遍天下。

不過，為什麼看來如此瘦弱的法師，卻有股難以言喻、怎麼也打不倒的堅定信念。尤其，這麼多弟子願意跟隨？

落地為兄弟，何必骨肉親。證嚴法師引用晉代陶淵明喟嘆生命無常，又何其短暫的詩句來傳達為何從臺灣開始國際救援的行動，而在此之前，大家耳熟能詳的是臺灣有個做好事的慈濟。

父親慢慢體會出，心中的愛如果很真誠，就不會分東、分西，管他是在哪一國，皮膚是什麼顏色，不管是信耶穌、媽祖還是釋迦牟尼佛，向受苦的人伸出援手，是理所當然。

母親趁空溜到二樓往大廳看，擔心父親會做傻事，結果看他文風不動後，有些意外的安心。熬到活動結束，母親穿越重重人海，一把拉到父親的衣袖。

「怎麼樣，聽得怎麼樣？」母親故作鎮定的問，心裡有些譜。

「證嚴法師不僅慈悲，也很有智慧，還是妳比較會跟啦！」不愧是明辨是非的父親，即使滅自己信誓旦旦要詢問法師的威風，回答得很乾脆。

「那要來見習了嗎？」母親燃燒老師魂的問，哪能放過這難得的機會。

「好呀！」平時可是怎麼說、怎麼勸都八風吹不動的老公爽快的允諾，讓母親喜出望外，多羨慕身邊的志工大都是夫妻檔的「同修」，在生活中有可以一起努力的事情，超越只是煩憂家庭中柴米油鹽醬醋茶的瑣碎，那感覺真的很棒。

「輝芳，有一個會員的長輩過世，明天你幫忙開車帶師兄姐去助念。」

「妳們助念不是要七、八個人。我的車只能帶四個。」

「來啦，你就幫忙帶幾個，如果願意，也可以下來幫忙助念。」

「不好啦，我又不知道怎麼做。」

「別擔心，跟著念，慢慢就會。」

母親使出的「招數」不斷，父親倒能以智慧拳拳相膺。做警察也懂些法律條文的父親，發現自己在個案訪視中能幫上不少忙，隨時為案家的疑惑解答。

「輝芳，你知道最近大家都在幹嘛嗎？」

「我怎麼知道，妳又想到什麼？」

「告訴你，現在屏東的志工都發願做榮董。」

「榮董，應該是很有意義，但一下子要捐一百萬，我還在貸款欸。」

「那有什麼關係，辦法是人想的！」

積少成多，母親馬不停蹄地展開圓夢榮董大作戰。

「你的頭髮我來理，那你每次理完髮要給我一百元。」

「什麼？別人知道會笑我們吧。」父親聽得張開嘴，但也不得不佩服母親竟想出這種存錢的智慧。

「你們警察衣服和褲子燙一次二十五元，一週燙三次，你要給我七十五元。」

「天呀，那還有嗎？這樣恐怕要存很久才夠吧。」

「別擔心，我現在都留長髮綁慈濟頭，不用再燙，這樣兩個月可以存一千元。還有一個禮拜洗兩次頭，現在自己洗，每月再存八百。」

「對了，最近沒看到歐巴桑來家裡幫忙？」

「歐巴桑正好說她年紀大了，下個月就不來家裡幫忙，我們自己掃地、洗衣服，又能再存不少錢。」

母親把家中能省則省的方式樽節到極致後，盤算如何廣進財源。從菜園裡採收新鮮的蔬菜，還有，將結實累累的青木瓜刨成細絲做成涼拌菜。她把行事曆填得密密麻麻，哪裡有義賣的場子就往哪裡去。很快就因為食材新鮮、風味十足而大受歡迎。每一次好評都讓母親離夢想更近一些。

在內、外交互攻勢下，母親儉腸凹肚地每個月總能壓榨出三到五萬元的額外收入。當存到第一個百萬且圓滿榮譽董事後，她大概只開心了幾分鐘，意識到有些刻不容緩的事情得把握當下，於是，繼續展開榮董養成計畫。

時間真能成就看起來意想不到的事。在母親源源不絕的行善動能下，已經為葉家圓滿八個榮譽董事。你是慈濟的榮譽董事喔，可以幫助更多需要幫助的人，也祝福自己，以後會更容易懂事。

長大後的好處是，離開家看到更寬廣的世界，讀書，夢想著未來。缺點則是，我能回家的時間變得更稀有，做慈濟從來都不是母親用來填補生活空檔的慰藉，而是全部心力的投入。甚至，我們回家前得先和她說一聲，否則可能連面都見不上。

當母親做慈濟愈多，客家人堅毅的面容中流露出更多溫柔、笑容，使我好奇地想進一步認識慈濟，它到底是如何帶給一位國小老師這麼大的轉變。

「校長，憑什麼推薦徐雲彩？」

「她的表現好，熱心服務！有什麼不對？」

「她只是級任老師，又不是校長或主任，拜託。成績好、有服務熱誠的老師一大堆。」

那年，在唐榮國小服務的母親五十五歲，當慈濟志工邁入第五年。向來廣結善緣的她，意外陷入師鐸獎的提名風波。

她走進辦公室前，聽到有位資深的老師正和校長抱怨師鐸獎的提名標準。後來，母親提供自己的記功、嘉獎、指導學生比賽得獎的紀錄，建議他可以比較彼此的評選成績，和校長說有需要可以修改推薦名單。「黃老師，真是對不起，我真不知道校長沒有推薦你。」

在推薦師鐸獎前的暑假尾聲，母親看到學校操場的短草已長及膝蓋，便號召學生們一起頂著屏東熱情的陽光去除草，這樣開學後就有場地運動。當新學期開始，校長找她聊到暑假除草的事，並堅持要試試看。「我在退休前，一定要推薦妳得師鐸獎。應該要提名實實在在為學生投入的老師。」

母親從老師的菜鳥時期，就把學生當自己的孩子。參與慈濟後，她把證嚴法師的靜思語帶入課堂的品德教育中，透過慈善系統幫助辛苦的學生度過難關，讓他們知道自己並不孤單。

「如果發現學生繳不出學費，請提報給我喔。如果知道學生的家人生重病，請和我說一下，可以提報給慈濟喔。」慈濟基金會是母親當老師的最佳後盾。每學期開課後，她會在開會時特別提醒老師們。

有次當學校進行晨間檢查時，一位學生打死也不願意拿出手帕和衛生紙。屏東在臺灣的最南方，弱勢、貧窮人家出身的孩子多一些。從困苦中努力過來的母親發現孩子的窘迫，她買來整捲的紗布，剪裁成一般手帕的尺寸後，每三張紗布縫成一條「手帕」。然後，她把衛生紙每兩張摺成一份。

「老師現在給大家一條用紗布縫的手帕，還有一份衛生紙。記得喔，放在抽屜裡不要用。那督學跑來突擊檢查時怎麼樣？」小朋友異口同聲地說，「拿出來，雙手伸出來讓督學檢查。」

終究，學校的師鐸獎名單換上別的老師後送進縣府。就在幾天後，教育局罕見地把名單退回，請學校重新提報。縣長要求學校要提報基層、對學生有特別付出的老師。

這年是民國八十五年，母親後來發現自己的姓名在教育部公布的師鐸獎名單裡。原本因為老校長的好意，竟無端經歷了一番提名人選的風波，但縣政府把角逐名單送教育部後，得經過初審、複審與決審才能過關，特殊優良教師對母親的肯定，當然是貨真價實。

「盡本分、做本事。」母親對我們這些孩子說，做事哪能奢求一定要達到什麼目標，盡量去做、盡本分，就是這樣簡單而已。

當服務的學校圖書館缺書，她捐出存款一萬八千元中的二分之一，換來一張臺灣省政府林洋港主席的獎狀，這是她口中的本分。「沒關係啦，反正我每個月都有薪水。」

「孩子是我們的導師，是我們學習的對象。」證嚴法師對兒童精進班的「班媽媽」提過對孩子的想法。從臺中慈濟志工在民國八十一年三月成立快樂兒童精進班後，許多縣市陸續跟進。

有人用慈濟的希望工程比喻「兒童精進班」，因為這是回應證嚴法師佛法要往下扎根的呼籲。每個月定期與孩子和家長相處的班媽媽可不輕鬆，需要為活動與教案的企劃腦力激盪，更要為彼此打氣，在一回回與孩子的互動考驗中，練就出超強的默契及隨機應變的能力。

把慈濟事當成生命一部分的母親，當屏東分會也要成立兒童精進班時，當然也少不了她一份。因著多了「班媽媽」的身分，從小學生、年輕的志工到老菩薩都管她叫「雲彩媽」。

半百的她要做慈濟「希望工程」的工程師，得用更多的愛心、用不盡的耐心去陪伴班裡從國小三年級到六年級的孩子。徐雲彩不再只是我們葉家三兄弟的媽媽而已，彷彿，看到當年爺爺在老家的祖堂大桌上，教導我們這群毛頭小鬼孩的身影。

「沒問題師姐！」則是母親參與慈濟志工活動後獲得的暱稱，大家都知道有事找雲彩媽就對了。當中華民國慶祝創立一百年，我也見識到「沒問題師姐」的厲害，她真的把本分事這個概念以身體力行到極致，不只小朋友，她還想要去做一群暫時失去自由大朋友的「雲彩媽」。

到監獄去關懷受刑人？不會吧？會影響慈濟委員的工作？母親知道，許多人不太看好，或是擔心如何經營監獄這個相對複雜區塊，但既然有進去做點什麼改變的建議，管他碰到的是龍是虎，想想，他們有一天也會出獄回到社會。反正，如果不行就知難而退。沒問題，我來試試看！

於是，包括母親、被她視如女兒的美惠，加上另外幾位志工組成關懷團隊，正式展開在屏東監獄每週一次，兩個小時的靜思語課程，來「進修的學生」不乏刺龍刺鳳的大哥、大姐們。

「前腳走、後腳放。」證嚴法師的靜思語雖然在節錄下變得簡短扼要，卻總是命中閱讀者的心坎裡。明明是過去對某人的開示中所記錄下來，卻彷彿是對自己當下遭逢處境該如何思考與作為的提醒，心安定後，能不受情緒影響的做出適當的判斷。

上課一段時間後，志工團隊進一步引導他們比手語，參與佛教經典中的水懺演出，逐漸嗅出一股，彷彿什麼正在改變的氣息。

「你在這邊三十二年？」有一回上課，母親覺得納悶的問著。

志工特地請監獄通融提供刑期、服刑原因之類的資料，這樣就能多認識學生些，也好針對個別的情況去規畫與引導，更期待他沒出獄後有意願做志工。看著手中的筆記寫的是已服刑三十二年，那至少也六、七十歲了，怎麼那位子上的人看去頂多三十出頭呢？

「沒啦，我下個月就要假釋回去啦！」

炯元有點被觸到霉頭的抗議著。原來，他為了看清楚上課簡報投影的螢幕，刻意移到今天出公差的同學位子上。一段插槍走火的插曲，引來全班哄堂大笑，但也因此獲得一線挽救往後人生的可能。

隔週下課後，炯元快步走向講臺，兩道眉毛糾結在一起，一副心事重重的面容。

「師姐好，其實上禮拜下課那天晚上，我徹底失眠。」

「怎麼了？」

「妳說，我還要三十二年。」

「真歹勢，那天我以為位子上應該是來這邊三十二年的同學，別在意。」

「不會，妳們分享靜思語讓我很有收獲。只是，當聽到三十二這個數字時，讓我很驚惶。」

「喔，你願意分享看看怎麼了嗎。」

「其實有以前的朋友來會客。就說款好一百萬的貨可以賣。如果真的假釋後做下去，再回來就是三十二年關到臭頭了。」

「哇，真的好險，你一定要把持住，別再讓家人擔心。」

「我要向老師發願，絕對不要再當妳們口中的受刑菩薩，我要做人間的菩薩。」只要再三十天就能獲得假釋的炯元，沒有一絲即將遠離牢獄的歡喜。母親與志工們和他聊過後，才知道眼前的人從十七歲開始，因為毒品入獄六、七次，轉眼間已接近四十大關。一旦開始服用毒品，就像是跳進難以自拔的泥淖中。

即使還在服刑，炯元都被外面的人掌握著，假釋出獄又如何。生活的環境一樣，過去的朋友同樣會自動沾上來想著如何利用他，警察想必也會盯著這個可能再次危害社會的更生人。想重新做人，連自己都不知道要怎麼做，出獄後再束手就擒，應該只是時間問題吧。

染上毒癮的炯元早就讓家人失去最後一絲信任、諒解，甚至憐憫。僅存的，是沒有放棄孩子的母親，仍然在他每回入獄服刑過程中偷偷寄錢來。只是在人性黑幕中，這一絲來自媽媽給予的微光，忽然變得飄忽不定。

「師姐，我收到母親的病危通知。」炯元突然說出心中最難以承受的擔憂。

「這樣啊，很遺憾，你還好嗎。就快出獄了，一定要堅強。」母親覺得好突然，試著安撫他的情緒。

「我能做些什麼嗎？有什麼可以幫媽媽增加福氣的方法？」

「我們都是佛教徒，你是否想試試看吃素，然後把功德迴向給媽媽。」

幾個禮拜後，烱元總算要熬完不自由的日子，心中有股想要陪在媽媽身邊卻不可得的無形拉扯。他在監獄裡的靜思語課程進入倒數階段，每週和師兄師姐聊聊天讓心情變得安定。烱元想到出獄後就得結束時，不知該怎麼辦。「有誰會願意再對我這麼好？有問題時我能問誰呢？」

其實，烱元當初只是不想參與獄中的勞作而報名上課。拜託勒，辛苦一個月才能領到兩三百元，哪比得上母親寄來的錢好用。

「師姐，感恩妳們的建議，我媽媽身體竟然好起來。」

「也很感恩你，要在這裡吃素應該不容易。」

「真的好難，我得打報告說為什麼想吃素，還要主管簽名同意。看到大家吃肉，那香味真快招架不住。」

「第一次吃素就能堅持住，不簡單喔。」

「唉，媽媽是好起來了，但醫師說，也許是迴光返照，只剩三個月，我聽到就像有塊石頭壓在心上。」

「很多事我們沒辦法作主，但你就要出獄了，在三十幾年的荒唐人生中，至少可以孝順媽媽一、兩個月。行孝和行善一樣，不能等。」

清晨六點，屏東監獄高聳厚實的牆外，人聲俱靜，除了偶爾野狗晃過的微弱踢踏、踢踏。

一輛深色、沒熄火的廂型車停在路旁，車上幾個留著三分頭髮，隱約可見的藍衣人目光一致，緊緊盯著受刑人出口的小門，向來初秋溫暖的南臺灣，也不禁讓人覺得汗毛直立。

不經意間，厚重的鐵門像剛甦醒的巨獸緩緩睜眼。藍衣人瞬間打開車門，疾步走向站在門前的炯元。重蹈毒品人生覆轍，或是，學著重新過生活，只在他的一念之間。

上了車的炯元，看著窗外曾經熟悉的街頭巷弄，有的店已換上別的招牌、正在開闢的新路，每次出來又多些新的建築。他有幾分納悶的想著：「這些人真的相信我嗎？我也沒把握喔。」

半個小時後，終於來到關鍵性的決定時刻。炯元走下車，眼前是一座灰色洗石子牆，有著人字型屋頂的建築，腳下是一塊塊工字型連鎖磚相連的地面，車旁等待的是雲彩媽以及每週到監獄上課的老師，還有好些不認識，但都穿著同樣藍色上衣、白色長褲，臉上堆滿笑容的人。「我只是出獄的人呀。他們好像很高興看到我。」

志工雙手捧著慈濟環保志工的裝備，白色的長褲、灰色的棉、一雙白色球鞋，還有環保碗筷與證嚴法師的書，恭敬的送給炯元。「快，先去換衣服。」

「佛陀慈悲，他是炯元，剛出獄。他想改變的過程中會有挫折與困難，希望慈悲佛陀為他守護，讓他有信心與勇氣走下去。」雲彩媽在屏東分會的佛堂前，引導換上一身環保志工服的炯元向佛陀懺悔、發願。

曾經為了吸毒、尋求戒毒，即使用盡父母三百多萬元的積蓄，終究換來家人信心的崩解，選擇放棄他。曾經成家育子，但人生前半段大多時間在監獄中度過，他留不住妻子，更無法陪伴孩子成長。

說不盡的遺憾，覺得悲哀的是那始作俑者，並非別人。

從雲彩媽向佛陀介紹炯元的那刻起所引發的「化學反應」，在多年後的今天仍未停息。當時，他的心中出現前所未有的強大聲音，好像莫名多了力氣，卻覺得心情很平靜。志工楊九如帶著炯元學做豆花、尋找店面，從技術到金錢給予全力的協助，正式開啟他的小店人生。

炯元回家後開始全年無休地雙膝跪地為父母奉茶；每天早上在豆花店開門前，先到慈濟環保站做回收。時間是最好的試劑，他日復一日、年復一年的向父母懺悔，擔起一家之主的責任徐老師、雲彩媽、沒問題師姐。外人對母親的稱呼，隨著她的責任與承擔而演變，不過，對我們葉家三兄弟來說，她始終都是說不如做、身體力行的老媽。

那年我們第一次在慈濟相遇，她因為教聯會回花蓮，我則因為後中醫系到花蓮慈院實習。只是在中午用餐時間的短暫眼神交會，我看得出她的歡喜，來自於對慈濟的愛，還有看到孩子與慈濟開始有連結，儘管當時對於想當一位中醫師的想法，才剛萌芽。

「請賜與我足夠的智慧去生活！」

母親總在心底對著父親這麼說。天冷時，她會穿上警察協會的夾克，並不保暖，只因那是爸爸給的。她習慣反問著：「你爸爸這個會怎麼說？」父親離開好幾年了，她以兩個人份的衝勁做志工。

參與讀書會時，她絕不會忘記隨身帶著父親的慈濟委員證，就像過往兩人一起上課的光景。證件上面印有姓名、證嚴法師給的法號、委員的編號，以及穿著慈誠制服的大頭照。

那照片上的人，方臉大耳，眼光有神，一副葉家人的模樣。

6

老爸的家庭醫生

開車上路二十四公里的距離，
的確難與一生漫長的旅程相提並論，
但若作為某些難忘片段的摘要，
夠講上好些故事呢。

那是在九二一地震發生後半年多，一個由我教導大林慈濟醫院同事太極功的尋常清晨。

練功處就在與醫院一路相隔的員工宿舍中庭，左邊圓形水池裡有含苞的荷花正等候陽光降臨，水泥步道兩側綿延不絕的胡椒樹，以手指輕揉就會迸出濃郁的香，恰如胡椒味。看似隨意錯落的小樹在醫院啟用第二年後長高了些。

社團的成員包括院長以及他的另一半「林媽媽」，這讓人沒招架之力的綽號來自於她在院內各角落無處不現身，滿盈的招牌笑容問候你「最近好嗎？」、「來參加志工培訓好不好？」另外，有位戴著銀色金屬框眼鏡，斯文中露著如鷹般俐落眼神的中年人，乍看九成是外科醫師，我詢問大名後才知是副院長，早聽聞是位刀鋒細膩的整形外科醫師。幸好我只是第二年住院醫師的菜鳥，沒人會在意我的白目。

上完課，回寢室沖洗一身汗後，我在清新的肥皂味中快步從大愛樓旁的通道進醫院大廳，穿過「佛陀問病圖」後方來到訪客電梯，眼裡映入髮絲梳得整潔分明的林醫師，正要去十三樓健檢中心上班，我則要到同樓層的中醫病房。他畢業於日本大學的醫學院，在健康檢查中心服務，舉手投足間更如有禮的紳士。

「林醫師，早安。」真巧，我搶先打招呼。父親昨天從屏東家裡來做健康檢查，就是由林醫師幫忙。他反射地點下頭，隨即有某種念頭襲來般猛然地搖著頭，神色嚴肅。我直覺著：「怎麼了？老爸的檢查結果沒那麼快吧。」

「明憲，我跟你說，你爸爸的腫瘤不行。」他等不及我的反應繼續說著。「大腸有腫瘤，看起來不小，如果不做處理的話，大概是這個樣子……」，他伸出右手三根手指頭在我眼前定住。

林醫師用手示意「3」，我沒有天真都會以為那代表三年的時間。「這樣，好，那我，我回去，看看。」我真的不知道該表達什麼的說著點著頭。而老爸一定還不知道。電梯門楣上的電子燈號轉換成「1」，閃著向上的箭頭，我們往裡走，陸續進來的人填滿我們之間的空繫。

儘管切片報告還沒出來，但林醫師的判斷很難出錯。當電梯抵達十三樓，他出電梯後往左走，而我則往右。後來回想起來，我記不得曾說謝謝。

回想起二十多年前，一場發生在中部山區芮氏規模達七點三的強震，搖盪出這座海島從頭至尾那來自民間看不見邊際的愛，沒有人是驚天災難後的局外人。對葉家來說，則意外震出隱藏父親體內的病灶。

即使事過境遷好多年，我忘不掉和同學在地震後第三天到中興嶺義診時，沿途如波浪上下起伏的公路，空地上有整排的大體。充當收容站的體育館裡竟然已有日本志工團體以唱歌、跳舞，試著帶動民眾惶恐、低迷的情緒。我們在四周有小朋友奔跑嬉戲中幫忙推拿、按摩去放鬆每個緊繃的肩頸與心神。

在屏東家裡的老爸和老媽則在九月二十一日當天餘震不斷裡，把七人座的Discovery 後座椅打平。平時細心呵護的四輪驅動車開始被塞進各式各樣在震後可能用到的民生用品，直到車廂無法容納更多時，他們才甘願跳上車開往屬於重災區的中寮。高速公路上出現魚貫前行的車隊，彼此或許不認識，卻有同樣想儘快幫忙的心意。往後七十二小時裡，他們與災區的慈濟志工會合，發放物資、撫慰失去家產與親人的悲痛。

當老爸回家後出現意料外的情況。他覺得身體就是哪裡怪怪的，沒食慾，做什麼都使不上勁，排便時有明顯的紅色。其實，媽媽這些年對他好說歹說年紀大了，又不是鐵打的，去醫院定期檢查哪有什麼損失。但總被老爸四兩撥千斤的彈回來。只是當下身體逐漸變得不舒服的現實，老爸迫於無奈地點頭北上嘉義，住院一天做全身性健康檢查。

「別開刀浪費時間，我不想到醫院治療。」老爸執意得很。原本就因臼齒比較大而稜角分明、方臉大耳的他更顯得難以撼動。那些來自醫師談論關於三公分的大腸癌、若不趕快治療只剩三個月生命的訊息，都給左耳聽、右邊出了。但真還有任性的本錢嗎？他說：「明憲，我讓你處理就好。」

老爸幼年時曾被日本警察打傷而決意一輩子不去日本，在癌症面前依然倔強，一抹淡然的態度。我只能遵照他的心意，但想到自己不過是位住院醫師，就算已在醫院的規畫裡加入腫瘤中心的整合治療團隊，但中醫與癌症？那時想到就覺得有股不知從何開始的恐怖。

當被逼到絕境做困獸之鬥時。

接下調養老爸身體的任務後，我毫不猶豫地用掉住院醫師存下的錢買進能量醫學的檢測設備。其實，在住院醫師例行的學習外，我也跟著科裡的前輩藍英明醫師一起研究能量醫學，藉著磁場共鳴設備來測試身體的音頻共振回應，希望能掌握老爸經脈與大腸的情況。他吃的每樣食物、琳琅滿目的保健食品全都得經過我測試是否適合病症。至於中藥材則是每回一、兩百種的逐一放進能量檢測儀器的感測盤上。

我近乎瘋狂的測試藥材，如神農嚐百草，只要對老爸的病症控制、減緩副作用有幫助的絕不放過任何一味。或許，是老天眷顧也說不定。我每兩個禮拜回屏東一趟幫父親測試，幾乎看不到來自腫瘤的訊號，把歡喜藏在心裡，很怕洩漏太多喜不自勝的情緒後會讓老天反悔，總希望日子就這麼平安的過著。

我和藍醫師也把能量醫學運用在日常的看診，無心插柳的出現門庭若市般的歡迎，門診量一天多過一天。想想能幫忙老爸以外更多的病人，那買設備的兩百多萬很值得。而當初那股大量測試藥材與記錄疾病與用藥關聯的傻勁，則讓我往後對中藥的加成反應，如何讓病人的治療從十分增加到一百分很有心得。

二〇〇三年，幾乎與接下到大埔山區開診的任務的同時，遇上父親的大病關卡，更確定得堅持走上癌症治療的研究是作為兒子的責無旁貸。記得當年大埔山上的癌症病人並不多，倒是這幾年來明顯地增加，當他們山上、山下兩頭辛苦往返的治療後，如何在山居生活中做好調養就很關鍵。

從竹崎嫁到大埔已超過一甲子的彩秀姐，有著強壯體魄的她不僅在阿里山種茶，採收與製茶季後，她就在農情館對面的透天厝住家經營茶葉生意，那是往曾文水庫必經的街道，假日生意好的時候常應接不暇，招待客人桌上的茶碗總是添滿閃著金黃色澤的茶湯，滿室如花的清香。步入中年後的她選上鄉民代表，仍有用不完的精力為民喉舌。就在今年初，她的先生獨自到門診要拿彩秀過往看診開的中藥。

「怎麼那麼久沒來，甲狀腺有問題嗎？」我問著。彩秀姐在八年前因為甲狀腺腫瘤來診間，因為用藥後，減少咳嗽、不好吞嚥的症狀而成為固定報到的病人。說也奇怪，突然就大半年不見人影。「唉，她之前肚子痛都好不了，一檢查才知道是胰臟癌。」他說太太在手術後的面容就像失去了顏色，真的，就快不行的模樣，心裡覺得慌，卻無能為力。「請帶她來。讓我想想辦法吧！」

在隔週星期三的診間中，坐在輪椅上的彩秀氣若游絲。「葉醫師，我真的快死了，對嗎？」「先別說洩氣話，我們一起努力看看。」她抬頭看看我，那是基於老友情誼帶著鼓勵的眼神，我知道當下她並不抱著希望，而她的腫瘤長在胰臟尾端超棘手的位置，經歷一回大手術後想要復原又談何容易。

「吳茱萸」，過往做的記錄讓我腦海裡直覺出現這藥材。經過一週按時服用，彩秀姐的精神很快被救回來了。再次來到診間的她多了些血色，但離正常的生活仍遙遠。「我現在比較有體力，之前覺得自己就快要死掉。」

媽媽特別愛聊起癡情老爸的愛情往事，到二十八歲都不願再交女朋友，讓擔任

小學校長的爺爺心急地為子尋覓良緣。當父親生病時，我則是已年過三十好幾的黃金剩男。也好，反正當民航機師的哥哥、做生意的弟弟都忙，沒牽絆的我正好能享受時間自由。

「明憲，還記得你小時候我從山上回來，你竟然認不出我來？」

老爸讓我調理後，在客廳裡的木桌前泡茶，談興正濃，那桌子是由一整棵碩大的樹瘤製作而成，足足可圍坐七、八位大人，據他說是朋友家裡沒空間而特別拜託借放，一放就是好幾十年，我們都知道才不是那麼回事呢。

「唉呦，老媽總是拿這往事來笑我們兄弟，想忘掉也很難。」我收拾著檢驗設備的線材，一邊回話。記得五歲，還是六歲那年，當母親在老家廚房準備晚餐時，突然有人來到家裡。

「媽、媽，快點，有位叔叔來。」我自告奮勇跑進廚房嚷著。

「誰呀，我正在忙，怎麼這時會有人來？」

老媽顧不得鍋裡的菜，先熄掉爐火，雙手在圍裙上抹了抹就往外走，我也納悶的跟在後頭。幾秒鐘過後，我們和媽媽，和那位看似不認識的叔叔張眼互望。「天呀，你們三個兄弟不知道他是誰嗎？」老媽看著他雙手一攤，頭搖個不停。「唉，那麼可憐，連爸爸回來都不知道是誰。」

本業是警察的老爸，在一九七二年時兼任霧臺戶政事務所的所長，上班的地方離家只有二十多公里，但騎車到三地門後就得背起行李靠雙腳上山。「每次回去上班，都得走上二十幾個小時的山路。放假回高樹時是下坡，也要走半天。」所以認不出老爸，這真的不能怪我呀。

家人間看似親近又遙遠的關係，如何經營真是門大學問。老爸在警界服務時經常不在家，上山兼職那幾年更別說了。他與我們兄弟的關係說不上疏離，但等到比較有時間在家時，我們早已離家為學業、工作與自己的人生拚搏。最後竟因他的一場大病，才有機會去耙梳彼此看似沒有交集的世界，對家裡許多往事有「原來是這樣呀」的發現，「父親」這個角色變得立體起來，閃耀著想像不到的色彩。

「老爸，今天要往左，還是往右出發呢？」

我催著老爸出門，這才是他最期待的時刻。每個月有幾天為他治療時光的餘裕裡，我化身為司機兼忠實聽眾，開著我第一輛福特 Escape 載著他從麟洛的家啟程，緩緩穿越庭院中成蔭的樹林，每一棵都是我從國中開始陸續種下的樹苗。

當來到大門前的小路，我會向前輕點著煞車，開口問他打算怎麼走。至於往哪個方向沒個準，要依老爸當下的心情、想看些什麼人或事物的念頭，或者，隨興所至。

那時家門外還沒有現在可一路直通林邊鄉的高速公路，再往前到盡頭是時而湛藍，有時一片灰濁的臺灣海峽。我們父子檔二人從家裡出發，往左開時，會先經過屏東市，接上省道後再到高樹。若往右出發，則是有田園和河流的鄉間小路。總之，一邊是康莊大道，另一邊是不斷曲折前行。比較起來，老爸還是特別喜歡往左走，那裡的河床旁有他後半輩子幫助家計的砂石場和結識的同業。

不論往哪個方向出發向左走，一定都是以葉家在高樹的祖堂為中繼站，再回到家的里程差不多都是二十四公里，雖然不算特別遠，但足夠老爸講古好一陣子。老爸到老家下車後，會和親戚們話話家常，然後在北面的三合院正廳裡，仔細拭淨祖先桌上的微塵，再點一束香緩緩舉至眉心處，口裡嚅動著默默祝禱。最後，他心滿意足的準備回家。

「來喔，你有沒有哪裡不舒服，讓明憲把個脈。」

這是老爸拜會朋友最常說的開場白，我則聽候指示開始望、聞、問、切、寫藥單。「收好，記得去中藥房抓藥。」「你看我身體這麼好，都是明憲在顧。」原來，除了慈濟師兄姐的志工圈子外，這沿路一家接一家的砂石場老闆都是多年的好友。看著老爸很享受老友接受看診時的微笑，想必有以子為榮的開心吧。只要他開心，我也樂於配合，如果不是半路轉換領域，我應該也會走與老爸類似的養豬、砂石業吧。

「你看右邊的椰子林。」有一次，父親突然手指著玻璃窗外。

「嗯，有喔，怎麼了？」我握著方向盤，用眼睛的餘光看著。

「這片園子是我朋友的，也是會有客廳木桌的原因喔。」

「是嗎？那你說來聽聽。」

在很多人眼裡，老爸是個白目的警察代表，但他是母親心中很標準的警察。怎麼說呢？因為他嫉惡如仇，不符合原則的事情絕對不做，從不貪汙而被人家告，應該也有好警察受過這種「光榮」的待遇吧。父親雖然個性、脾氣都很硬，但心底卻有很柔軟的區塊。

老爸當刑事組的組長時，曾接二連三抓過地方上一位逞兇鬥狠的流氓，每次都是老母親來警察局保人。後來，實在看不下去的把流氓臭罵了一頓。每次都被我抓進來，你賺什麼、吃什麼？到頭來還是靠媽媽辛苦擺攤子賣魚，賺的那點辛苦錢，這樣你好意思嗎？下次不要再讓我抓到！

發完那頓脾氣的幾個月後，老爸遇到種椰子的朋友來抱怨，明明椰子價格開始好了，卻因為採收有危險而找不到工人。

他念頭一轉，找到那位靠母親過活的年輕人，問他是否願意幫忙採收椰子。你要像猴山仔爬上樹摘椰子喔，有辦法嗎？至少先開始有收入。

老爸說當流氓的年輕人姓鍾，想要改邪歸正可不簡單。就算自己不想再作壞，但同夥的不一定願意放手。尤其，習慣耍狠就有人供養的日子，想安分地靠勞力維生還不見得找得到活幹，能做多久也是問號。

後來，老爸幾乎忘了這件事。十幾年後，有輛大卡車開進院子來到屋前，車斗上就放著我家客廳的那張木桌。

「葉大哥，我現在不只包果園種椰子，還有在賣木頭啦。啊就家裡已經沒地方放，你家給我拜託借放一下啦。」

「拜託，你也想個好一點的理由。」

鍾先生幫忙採收椰子後，發現原來種椰子這麼好賺，總算下定決心遠離是非的環境，開始承包農地種椰子。肯放下傲慢的身段、更願意吃苦，哪怕沒錢可賺。老爸說，鍾先生雖然曾經走錯路，但只是年少輕狂又缺乏人家引導。現在的他把母親照顧得很好喔，更意識到：「這輩子唯一做的好事，就是來得及孝順母親。」

「想不到一張桌子有這麼段故事。」

「實在說，壞人也有他悲哀的地方。就算抓到人關進監獄，但很多是愈關愈厲害、更大尾。還是需要教化他，才有機會改變人生。」老爸真是天生的「管區」，不只費心思調查犯罪、冒險抓壞人，竟還要擔心他的家庭、家人要怎麼變好。

「那家裡有一堆葉教授的錄影帶，還有好幾箱能量水又是怎麼回事？」

「喔，就是看他的『心海羅盤』，想說買套書支持一下，結果寄來十套書，還有錄影帶、好多箱水。」

「這什麼狀況，哪有這麼奇妙的事。」

「你繼續開。」老爸在幾分鐘後指著與派出所相隔幾戶的一家商店。「不過，已經不是我當警察時的麵店。」

「所以那家店也和你有關係嗎？」

「那裡算是葉教授他們家發跡的地方。」

原來，我們倆家是遠房親戚，葉教授有位哥哥，兩兄弟從小就很能讀書，後來，葉教授因著主持電視節目「心海羅盤」成為家喻戶曉的心靈成長大師。哥哥則曾當過監察院的監察委員。而這對兄弟成就的背後全靠母親擺攤賣麵的辛勞，尤其，因為違規擺攤，常和前來取締的警察捉迷藏。

老爸說，年輕當差時最不愛到街上取締違規的攤販，寫幾個違規的字眼、開張罰單，就能輕易讓靠蠅頭小利維生的攤販一天的辛勞化為烏有。於是，老有一股衝動想幫助人的老爸在警察局旁找了地方，讓葉媽媽從此高枕無憂的擺攤做生意。

「其實，我早忘記幫忙找攤位。」老爸輕拍兩下頭說。「他不知怎麼發現訂書的是我，然後就送一堆來，還說什麼『恩人』之類的，實在說得太誇張了。」

「你出手相助時都想些什麼嗎？」

「說真的，我幫的都是些小忙，舉手之勞而已。倒是，希望你們遇到別人有困難時，別覺得不過是個小忙就懶得出手，說不準那是他後面可以有所發展的開始，對吧。」

老爸在車上一打開話匣子就停不下來。其實，他談的多是別人的故事，片片斷斷地堆疊，讓我有機會理解他的思考邏輯，想像他幾十年來為人處世的態度。

「你很怕爺爺，對不對？」偶然間，我把話題拉回到家人上。

「可不是嗎？連我的牽手都是你爺爺看準的。」

「他要求我從國小開始看《三國演義》、《七俠五義》和《封神演義》打下的國學基礎，倒是對後來的考試很有幫助。」

「人生說不準，你竟然從畜牧系轉到當醫師。」

老爸說從有記憶以來，爺爺就是一族之長、彷彿尺規的存在。大家族裡從添丁後的取名，以至親人間糾紛的調解都得仰賴他的學問，以及謹守不偏袒的原則。

「倒是爺爺有什麼故事嗎？」我問著。老爸卻好像沒聽到似的，眼神盯著前方。突然，他悠然地飄出聲來。「那是好多年前，連『土地公』都耳聞他處理事情的風格。」

土地公？我試著禮貌但無法置信的咯咯笑起來，真不像硬派作風的老爸會掰的內容。他也笑出聲。「你可別以為我在瞎掰。」

爺爺從國小校長退休後，仍住在高樹的祖堂。幾年後的一場中風讓原本硬朗的他衰退的特別快。尤其，好些事情不再能作主，心情一路滑到谷底。他在病情穩定後選擇來麟洛，這裡有與他的教育理念有志一同，也是最疼愛的媳婦雲彩。

「有天半夜裡，爺爺突然驚醒，他大聲呼喊你叔公，非要他起床不可。」

「老人家容易日夜顛倒，做惡夢了？」

「我也以為是這樣。」

「不然勒？」

竟然是土地公託夢給爺爺，請他去以前在高樹服務的田子國小，旁邊有一盞路燈。您是要當土地公嗎？老爸猛搖頭也沒輒，天亮就和叔公一起帶著爺爺上路。就當做帶父親出門散散心，中風後只能靠輪椅代步，哪裡也不想去。

難得爺爺肩負著使命、興致高昂的出門，順利抵達當年曾服務的小學後，卻怎麼也找不到土地公的「家」。老爸遇到人就問路，卻始終像在迷宮裡頭繞圈子。難道土地公在開我們玩笑？當夜色漸暗，就幾乎要把大家的耐心磨光時，總算問到廟的確切位置，只是沒路可通，當然一直走冤枉路。

老爸說當地村民有感於土地公守護一方田水，年年都有好收成，於是集資蓋廟，日常祭拜、逢年建醮毫不含糊。話說人生無常，神明也可能有遇到變數的時刻。有一年，土地公廟周遭的土地竟被人買走，在村民無路可進出下，土地公被冷落，廟裡不再香火繚繞。

後來，老爸和爺爺找到地主曉以大義。其實，地主很害怕是否惹怒神明，決定自行出資開路讓人自由進出來表達誠意。老爸則幫忙出些錢。

總算路開通了。啟用那天，爺爺坐著輪椅像神明遶境般穿越眾人感恩的眼神。地方上的傳奇故事傳得特別快，大家信仰的更加虔誠，土地公再也不擔心香火中斷。

「爺爺的公正和處理事情的圓滿風格，連土地公都知道。」老爸為爺爺的一生下了註腳。那是一九八七年的往事，爺爺在半年後過世。

如果時光能倒轉，我應該會勸父親先動手術摘除腫瘤再說。儘管他當年不想開刀浪費時間，讓我用中醫的治療換來八、九年好過的時光。修行最基本的功課就是因緣、無常觀，但多希望他能陪媽媽與家人更長些時間。

莫拉克颱風發生時，不僅我每週上山看診的大埔變成孤島，老家屏東也被肆虐得體無完膚，許多八八風災受苦的鄉親都是認識的人，還有老媽收功德款的會員。老爸為賑災跟著慈濟志工沒眠沒日忙上大半個月，不是鐵打的人當然會覺得累，但他發現身體不太對勁，尤其是持續的血便。

回大林慈濟醫院檢查後確定腫瘤變得更大，並且擴散開來。

「天空會塌下來嗎？」

一九七五年的春天裡，跟著爸、媽搬到鱗洛的新家時候正好遇上蔣公逝世。我站在當時土石交錯的廣闊土地上，眼前只有一間堆放雜物的工寮，然後仰起頭望著藍天，心裡想著，新家是「希望」，並摻進「遺憾」的綜合體。

父親在警務工作之餘，努力蓋起能容納一家人的新房，以及綿延不絕的豬舍，周邊是沼澤放牧地。我們三兄弟一開始只能先住在與豬舍一條水溝之隔、約三坪大的木屋裡，每個孩子有老爸張羅來的二手床、書桌以及一盞燈。晚上睡覺時，豬整晚叫個不停，我們怕有人來偷豬、偷水果，也怕風聲、怕蛇，更怕有鬼。

葉家三兄弟從國小開始每天四點起床讀書，六點則開始把長大的豬趕進豬舍、清洗滿地的大便。得忙完本分事後才能洗澡、吃早餐與出門上學。

豬的動作老是慢吞吞的，有一次已經六點四十五分，我還在與豬奮戰。從家裡到屏東中學有七公里，若七點二十分沒進校門就算遲到，我心裡著急，索性丟下工具往浴室衝。結果硬是被老爸叫回來，非得讓我做完事才罷休。後來，我在屏鵝公路上騎得飛快，並壓線衝過教官身邊。後來還被老爸調侃。原來你騎車那麼快，時速有四、五十公里吧。

「你是慈濟人，去完豬舍後都臭烘烘的，還跑去分會開會，你覺得大家會怎麼看你。」許多年後，老爸總算在母親以及慈濟師兄、姐的溫情攻勢下，宣布停止養豬。我很想回敬老爸：「終於知道我們讀書時洗豬舍，就算洗完澡到學校，還是會有一股味道了吧。」

在父親動完手術回麟洛休養時，我覺得該是主動提出來的時刻。當年紀大了、身體變得不能做主時，心思或感受會變得特別敏感。

「老爸，你還記得那三隻在我們眼前掙扎，淹死的豬嗎？」

「那時的口蹄疫爆發的太快，但總是我們對不起牠們。」老爸點點頭。「你有什麼想法嗎？」

「我想找怪手把填平的豬舍開挖看看，說不定能找到，再化掉。」

「打算什麼時候開始？」

「等聯絡好怪手就開挖，讓您心頭掛念的早點放下。」

這輩子無論如何，我肯定忘不掉在一九九七年大爆發的口蹄疫，倒不是因為臺灣在歷經二十三年的努力下才讓世界動物衛生組織改列為非疫區。當時我就讀後中醫系的一年級，有同學報股票的名牌。大概是太想賺錢，我把辛苦攢下來的三萬元全買了一支股票。

看盤到第三天時，終於漲了幾毛錢，我心想真是賺到了。就在這時忽然出現一則口蹄疫的新聞快報，接下來的結局不用想也知道，整個大盤由紅轉綠，我的股票成廢紙實在不值得一提，但包括老爸在內臺灣總計幾千億養豬市場，正遭遇猛烈的火勢而快速化為灰燼。

不准在家裡面殺豬！面臨政府大舉展開的撲殺動作，母親畫下底線。養豬就已違反慈濟的理念了，更別說要殺豬。

但政府要我們殺，那怎麼辦？要把豬運出去談何容易。老爸也覺得頭痛。圈舍中有幾千隻大大小小的豬，幾乎都奄奄一息的躺在地上，還能站著的如同鶴立雞群。

至於鄰近的養豬場已經開始把豬趕出場，堵在門口的怪手用機械手臂上的大型鏟子順勢落下，再大的豬都因脊椎斷裂而倒地，迸裂出的血水逐漸匯流宛若小溪。豬的屍體被送上卡車載走，聽說是帶到別的地方不斷轉賣，原本有一千隻的養豬場就能謊報一千五百隻，獲得政府更多的補助。

我總不能看兩老在家吵架、生悶氣。想起《傷寒雜病論》中記載「升麻鱉甲湯」能治陰陽毒，反正不試也沒機會，我到中藥房買藥材，快馬加鞭地趕回家，用大鍋放入藥材以水熬煮。

想不到我這未來的中醫師，竟先從幫豬治病開始。與老爸聯手用注射針筒吸滿藥水，然後，往豬的嘴巴開始灌。但豬實在太多，好幾大鍋的藥水很快就用完。隔天準備好藥水準備繼續奮戰時，赫然發現豬站起來了，儘管身軀有些搖晃，但確實發揮效果，最後估算救回三千隻豬。

就在搶救豬隻的那段時間，發生我和老爸心照不「想」宣的事。

豬舍旁會有一個約莫兩公尺深的糞坑，用來匯集豬的糞便與尿水，等積滿後要抽掉做進一步的汙水處理。我們在忙著注射藥水時，有三隻豬蠕動到糞坑旁想喝水，卻一頭栽進糞坑裡載浮載沉。我們試著去拉上百公斤的豬上來，就如巨石般文風不動。

終究，我們選擇閉上眼睛，轉身離開。雖然不想殺豬，卻有豬淹死在豬舍裡。十幾年了，無法救豬的陰影一直存在老爸心底。也思索著腫瘤是否與這因緣有關？

幾天後，怪手轟隆隆地開進庭院。順著我和老爸印象中的位置，機械手臂緩緩落下填平多年的豬舍，挖下第一鏟土。只是，沒找到我們想火化掉的豬骨頭，卻在原處發現兩尾白色雨傘節，各約一公尺半長。

「拿個袋子裝到溪邊去放生吧。」老爸鬆開原本期待落空的眉頭，也算了卻心裡的罣礙。

人老了，得開始為隨時會來的分離做準備。老爸在最後三年的時光裡常來大林慈濟住院，做化療，都是由老媽全程陪著，我這號稱老爸的「家庭醫師」並不算稱職。

後來，有人告訴放不開手的母親，老爸在觀世音菩薩身旁做事，大概三十五歲的年紀，何妨想成他出國留學，人在，只是沒辦法聯絡。

隨著放生雨傘節，老爸了卻心中的遺憾。也許你還有印象，我在聊吟淑的故事時對曾不斷做老鼠上身的惡夢賣關子，在最後這一段裡該給個交代。

從文化大學畜牧系畢業後，我轉而攻讀陽明大學的生理研究所，就在那時開始對殺動物做研究的感覺起了變化。研究所有兩個研究領域，在內分泌部分時，每個月得殺掉兩百隻老鼠做研究，迅速剁下老鼠的頭，在牠還不及斷氣前就要近乎粗暴地取出腦下垂體，在成堆吱吱叫的老鼠中，有的尚存一息的奮起想咬人。

忽然，我開始做惡夢了。水槽中淌著鮮血的老鼠逕自往我身上爬來，作勢發動攻擊，結果老讓我在半夜驚醒。

「感謝你犧牲性命，成就學生的研究成果。」、「念經功德迴向給你，趕快去超生，不要來找我！」到研究神經生理階段時，終於每天只需殺一隻老鼠，只是我打從心底生出的恭敬心，仍不足以抵抗惡夢的來襲。

我在研究所畢業後就接著到高雄服兵役，在軍旅單純到近乎寂寞的日常裡，我仍找不到擺脫老鼠入夢的方式。我們醫官前後換防過三個營區，最後一次是來到位於燕巢的營區。有個太陽還沒露臉的清晨，我隨意走出寢室來到營區的廣場上，四周環繞的芭樂園正籠罩在一片白茫茫的霧氣中。

當下只聽得到自己緩緩的心跳聲，有種水波不興的寧定感。如果不做些什麼，好像很可惜。我想著，很自然地唸起記憶不全的大悲咒，零零落落的背不完。

接下來一天、兩天到數不清的清晨裡，我漸次從熟讀到記憶經文。是否能讓我轉變過去的殺業？彌補、超渡那些被殺死的老鼠？當一次又一次唸到「觀世音菩薩」後，覺得心理的僵硬、黑暗，像冰山逐漸融化。最終，我在淚水婆娑中讀完最後一字。

老鼠不太愛來擾我的清夢了，就算夢到，我也不再感到害怕。

我是葉明憲，這是一個關於家族、朋友，以及付出的故事，在這邊說再見了。

你可以暖個身，展開自己的旅程吧。

山上的醫生館

撰　　文／于劍興
叢書主編／蔡文村
叢書編輯／何祺婷
美術指導／邱宇陞
內頁排版／甯好工作室

發 行 人／王端正
合心精進長／姚仁祿
傳 播 長／王志宏
平面總監／王慧萍
平面副總監／黃世澤

出 版 者／經典雜誌
財團法人慈濟傳播人文志業基金會
地　　址／台北市北投區立德路二號
電　　話／（02）2898-9991
劃撥帳號／19924552
戶　　名／經典雜誌
製版印刷／禹利電子分色有限公司
經 銷 商／聯合發行股份有限公司
地　　址／新北市新店區寶橋路 235 巷 6 弄 6 號 2 樓
電　　話／（02）2917-8022
出版日期／2022 年 11 月初版
定　　價／新台幣 420 元

ISBN 978-626-7205-04-4（平裝）

Printed in Taiwan

國家圖書館出版品預行編目 (CIP) 資料

山上的醫生館 / 于劍興著 . -- 初版 . --
臺北市 : 經典雜誌 , 財團法人慈濟傳播人文志業基金會 ,
2022.11　400 面 ;　15*21 公分

ISBN 978-626-7205-04-4(平裝)

1.CST: 葉明憲 2.CST: 醫師 3.CST: 臺灣傳記

783.3886　111015905